Martina Dressel

Konstruktiv kommunizieren im Web 2.0

Martina Dressel

Konstruktiv kommunizieren im Web 2.0

Spielregeln für virtuelle Gemeinschaften

Vom Wirrwarr zu mehr Struktur
in sozialen Netzwerken

GABLER

Bibliografische Information der Deutschen Nationalbibliothek
Die Deutsche Nationalbibliothek verzeichnet diese Publikation in der
Deutschen Nationalbibliografie; detaillierte bibliografische Daten sind im Internet über
<http://dnb.d-nb.de> abrufbar.

1. Auflage 2011

Alle Rechte vorbehalten
© Gabler Verlag | Springer Fachmedien Wiesbaden GmbH 2011

Lektorat: Ulrike M. Vetter

Gabler Verlag ist eine Marke von Springer Fachmedien.
Springer Fachmedien ist Teil der Fachverlagsgruppe Springer Science+Business Media.
www.gabler.de

Umschlaggestaltung: KünkelLopka Medienentwicklung, Heidelberg
Gedruckt auf säurefreiem und chlorfrei gebleichtem Papier
Printed in Germany

ISBN 978-3-8349-3067-5

Inhaltsverzeichnis

1. Wozu ein solches Buch?

In den Wochen, als ich begann, an diesem Buch zu schreiben, fiel mir in der Wirtschaftswoche ein Artikel „Die Rückkehr der Vorzimmerdame"[27] von Matthias Hohensee auf. Er beschreibt darin die Erfahrungen von Steve Wozniak, einem der Apple-Mitbegründer, mit dem Web 2.0. Was mit Engagement und Begeisterung für Communities wie Xing, Myspace, Facebook oder StudiVZ begann, endete mit seinem Rückzug aus sozialen Netzwerken, „weil er so ein kommunikativer Mensch ist".

Peter Weibel beschreibt in einem Interview[46] das aktuelle Internet als „größte Mobilisierung der Zeichen, allerdings personalisiert. Ich bin nicht einer von Millionen Lesern, sondern einer von Millionen Schreibern. Ich kann mitschreiben am Buch der Welt, ich kann teilhaben, partizipieren. Ich bin Sender, nicht nur Empfänger. Ich bin selbst Radio, TV, Zeitung."

Ulrich Claus[10] jedoch meint: „Eine verlässliche Identifikation eines Blog-Autors, Chat-Partners oder des Absenders einer Internetseite ist für den normalen Nutzer nicht möglich." Unter der Überschrift „Maskenball im Internet" beklagt er: „Die Kommunikation im Internet ist höchst unsicher und ihre Authentizität dem Prinzip Hoffnung überantwortet. Keine vertraute Stimme am Telefon, keine persönliche Unterschrift wie beim Brief sichern die Integrität des Internets ab." Er prognostiziert: „Es ist zu erwarten, dass sich zukünftig die Netzgesellschaft in zwei Reiseklassen aufteilen wird. Wer das Netz für seriöse Informationsbeschaffung, Geschäftsabwicklung und ernst genommenen Diskurs braucht, wird die neuen Sicherungsverfahren begrüßen und das Gesicht zeigen, das er hat. Auf einer Art Unterdeck finden sich all jene wieder, die ihre Identität verbergen wollen. Ihr Tun mag Unterhaltungswert haben, aber mehr auch nicht. Wer ernst genommen werden will, muss sagen, wer er ist."

Constantin Gillies[19] nennt in einem seiner Artikel einen Community Manager „die gute Seele des Netzes". Er moderiert den Gedankenaustausch, beugt Konflikten vor und steht bereit, im Notfall einzugreifen. Gerade Community Manager sind es, die in diesem Buch, quasi wie auf einem Buffet, eine ganze Palette an Tipps finden werden. Genießen Sie es, daraus genau die Hinweise wählen zu können, die helfen, Probleme zu lösen, die Ihnen gerade unter den Nägeln brennen. Dieses Buch wendet sich jedoch nicht ausschließlich an Community Manager. Inhaber von und Führungskräfte in Unternehmen erkennen einerseits noch besser Nutzungsmöglichkeiten, andererseits Anwendungsgrenzen des Web 2.0, sei es für Zwecke des Marketings, des Wissensmanagements oder des Recruitings, andererseits Risiken, auf die sie ihre Mitarbeiter hinweisen werden. So mancher Fach- oder Führungskraft werden die Augen dafür geöffnet, dass bei aller Euphorie für virtuelle soziale Netzwerke Fallstricke lauern. Sie ersparen sich eine – mitunter schmerzhafte – Lernphase, indem sie aus unangenehmen Erfahrungen anderer für sich die passenden Schlussfolgerungen und Schritte zum Handeln ableiten.

In den USA integrieren Schulen inzwischen die Aufklärung über soziale Netzwerke in den Lehrplan. Ziel ist es, die Schüler davor zu bewahren, private Informationen und Daten zu freizügig preiszugeben und damit zur leichten Beute für Kriminelle, wie zum Beispiel Sexualstraftäter, zu werden, Cyber-Mobbing Tür und Tor zu öffnen oder Peinlichkeiten zu publizieren, die dem Schüler im späteren Leben Schwierigkeiten bereiten. „Digitale Akte" nennen die Autoren John Palfrey und Urs Gasser[38] in ihrem Buch „Generation Internet" die Summe aller Informationen, die eine Person über sich selbst veröffentlicht oder die andere über sie ins Netz stellen.

Agieren die einen zu leichtfertig und offen, sind andere „verdeckt" im Netz aktiv. Sie streuen Gerüchte, beleidigen, denunzieren, äußern sich antisemitisch, verbreiten Lügen oder sorgen dafür, dass statt Intelligenz zunehmend Dummheit ins Netz gerät. Der Werbetexter Jean-Remy von Matt nannte dies „Klowände des Internets". Ein Sturm der Entrüstung führte dazu, dass er sich bei Bloggern dafür entschuldigte. Journalisten äußern sich häufig und oft leidenschaftlich zu diesem Thema. Nur drei Artikel von vielen seien hier zitiert. So bemerkt Michael Miersch[32]: „Es geht nicht mehr um Nischen ... Es geht um eine einflussreiche Form der Massenkommunikation, die sich etabliert hat. Wenn die dortige Verwahrlosung einfach hingenommen wird, gilt sie demnächst als normal." Ulrich Clauß[9] schreibt unter der Überschrift „Kein Raum dem Online-Prekariat": „Der Übergang von papierschriftlicher Kommunikation zum Elektrotext ist offenbar mit einer Verwahrlosung der Sprache und des Denkens begleitet." Die folgende Äußerung aus YouTube, in der ein Zuschauer ein Video kommentiert, das einen Bühnenauftritt von Steve Ballmer, seit 2000 Geschäftsführer (CEO) des Softwareunternehmens Microsoft, verdeutlicht, was Ulrich Clauß kritisiert.

> so ein scheißdreck!
> macht einen aufs volksnah, das fette arschloch – damit sich niemand beschwert, dass er das 50fache eines einfachen angestellten verdient!

Wolf Lotter fordert unter der Überschrift „Räumt das Internet auf!" im Untertitel: „Statt Web 3.0 brauchen wir eine digitale Müllabfuhr und Leute, die sich benehmen können." Auch die beiden Internet-Experten John Palfrey und Urs Gasser[38] äußern in „Generation Internet", dass sie die virtuelle Kommunikation für aggressiver als die reale halten. Sie sehen in der digitalen Welt jedoch nur die Fortsetzung bekannter Probleme des realen Lebens und bezeichnen das als: „Ein neues Medium für altbekannte Missetaten."

Fakt ist: Als das Internet aufkam, waren die meisten Nutzer ausschließlich Konsumenten von Information. Im Web 2.0 haben sie die Möglichkeit, sich aktiv einzubringen und interaktiv den Kontakt mit anderen zu suchen und zu pflegen. Lag also die inhaltliche, sprachliche und benutzerfreundliche Gestaltung des Internets der 90er Jahre primär in den Händen von Profis, wie zum Beispiel Webagenturen und Journalisten, kann inzwischen quasi jeder, der sowohl über einen Internetanschluss verfügt als auch Lust und Laune hat, sich aktiv einbringen. Das kann dann so aussehen:

Hallo,

Mein name ist S. bin 21 jahre Alt und besuche zur Zeit eine Abendrealschule.Ich habe Probleme mit meiner Bo/Deutschlehrerin. Wir sollten in dem Fach Berufsorientierung (Bo) eine Bewerbungsmappe erstellen, die dann als Klausur gezählt wird. Als ich die Benotung sah, bin ich fast vom Stuhl gefallen, 4 – ! Ein Schock. Es war ein Schock für mich weil ich ein Muster aus dem Ineternet entnommen habe und dies für mich angepasst habe .(note von der Musterbewerbung 2+) Nun zu meinem Problem. Ich fühle mich seit längerer zeit von dieser Lehrerin ungerecht behandelt. Es hat den Anschein das meine Deutschlehrerin nicht meine qualifikation, sondern mich benotet. Ich weiss ehrlichgesagt nicht, was diese Lehrer mit sowas bezwecken möchten ?? Verstehen die denn nicht, dass es hier um unsere Zukunft geht?? Ihren job haben sie! Wir sind es die nachts nicht schlafen können weil wir um unsere Versetzung bangen müssen. Aus dem Grund, weil unsere Lehrerin irgendwelche Probleme mit den Schülern haben, die sie nicht mit der Leistung aussanander halten können.

meine Frage nun:

– Darf ein Lehrer in einem Nebenfach klausuren schreiben b.z.w Aufträge so benoten ?

– Was kann ich gegen sowas tun ?? Mal davon abgesehen zum Schulleiter zu gehen.

–Was hab ich als Schüler für Rechte ?? Wo, Was und Wie kann ich was machen

Bin für jede Hilfe Dankbar

Mit freundlichen Grüßen

S.

Dass so mancher Blogger den Qualitätsmaßstab, den ein seriöser und erfahrener Journalist anlegt, verfehlt, liegt auf der Hand. Andererseits eröffnet die Blogger-Szene neue Themen und Perspektiven, Ereignisse unseres Lebens zu betrachten. Blogger treffen mitunter überraschend auf ein Publikum, das es wenig, wenn überhaupt stört, inwieweit Inhalte sprachlich ausgefeilt und angemessen präsentiert werden. Sie feuern quasi den Nachrichten-Ofen mit immer neuem Brennmaterial in Form von interessanten Fragestellungen und Sensationen an.

Wird dies gepaart mit der Kompetenz, exakt zu recherchieren und Fakten zu liefern, über die Journalisten verfügen (sollten), sind hervorragende Synergien denk- und realisierbar, die mehr als nur eine kurze Rauchwolke hinterlassen.

Andrew Keen[29] beschreibt in seinem Buch „ Amateure im Netz" das Szenario wie folgt:

„Das Internet und besonders das Web 2.0 sind ein Segen für die Meinungsfreiheit, so heißt es: Endlich können alle bestimmen, worüber diskutiert wird – nicht nur wenige Experten, Top-Journalisten und wortgewaltige Autoren, die das Meinungsmonopol für sich beanspruchen.
Doch was haben wir uns da eingehandelt? Forumsbeiträge, die vor Dummheit und falschen Fakten strotzen, und an Idiotie kaum zu überbietende Videoclips bei YouTube.
Es kommt aber noch schlimmer: politische Splitterparteien und verschrobene Wirrköpfe maskieren sich immer häufiger als harmlose Blogger, um demokratiefeindliche Hetzkampagnen zu verbreiten. Betroffene können sich kaum dagegen wehren.

▶   Unternehmen betreiben auf subtile Weise ‚virales Marketing', um ihre Produkte von vermeintlich begeisterten Kunden empfehlen zu lassen.

▶   Clevere Lobbyisten mischen sich unter falscher Identität in Diskussionen ein, um ihre fragwürdigen Interessen durchzusetzen.

Wir befinden uns auf einem gefährlichen Irrweg. Wo Halbwissen und blanke Lügen herrschen statt verlässlicher Information, da fehlt auch die Basis für vernünftige und tragfähige politische Entscheidungen, da ist unsere Kultur in ihren Grundfesten erschüttert."

Auch andere Autoren zeichnen ein düsteres Bild. Frank Schirrmacher[43] meint in seinem Buch „Payback": „Wir nutzen nicht die neuen Technologien, sie haben uns längst angekettet." Einspruch: Seit wann lassen wir uns von Technik anketten? Und: Inwieweit ist das eine Lösung?

In meinem Buch[13] „E-Mail-Knigge" habe ich mittels authentischer Begebenheiten dargelegt, dass schon immer in der Geschichte das Aufkommen neuer Technologien und Kommunikationskanäle mit Irritationen, Bedenken und Fehlentwicklungen verbunden war und Fragen des Umgangs miteinander aufwarf. Die E-Mail-Flut ist dafür ein typisches Beispiel. Wer sowohl über Methodiken und Werkzeuge verfügt, wie damit umzugehen ist, als auch die Bereitschaft und Fähigkeit besitzt, dieses Wissen in seinem Alltag umzusetzen, hat eine komfortable Basis geschaffen, auch mit der generell zunehmenden Informationsflut besser umzugehen. Es ist weder die Technik noch das Internet, die bestimmen, ob unser Leben besser oder schlechter wird, sondern das, was wir daraus machen.

Lassen Sie uns einen Blick in die Historie des sogenannten Social Computings werfen. Dabei handelt es sich um einen Begriff, der Computeranwendungen beschreibt, die der menschlichen Kommunikation und der Zusammenarbeit dienen. Bisher sind zeitlich drei wesentliche Zyklen zu erkennen:

► 80er Jahre: Spreadsheets (Power Point)

► 90er Jahre: E-Mails

► seit 2000: Interaktives Web 2.0

Erinnern Sie sich noch, welche Hoffnungen wir mit Power Point verbanden? Wie dagegen sieht es heute aus? Wie oft sind Power-Point-Vorträge gefürchtet oder gelten als der Langweiler schlechthin. Inwieweit liegt das an Power Point?

Oder: Sehen auch Sie wie ich das Risiko, dass sich das, was wir mit Power Point erlebten, mit Webinaren wiederholen kann? Was ich damit meine? Wie oft wird uns aktuell eine „Eins-zu-eins"-Übertragung einer Live-Veranstaltung, zum Beispiel eines Vortrages über eine Web-Plattform, wie zum Beispiel die von Adobe, als Webinar „verkauft"! Dabei leitet sich der Begriff „Webinar" ab von „Seminar über das Web". Ein Seminar hat viel zu tun mit Lernen und Wissenserwerb. Wie gelingt dieser besonders effizient und nachhaltig? Zwei wesentliche Pfeiler dafür bilden einerseits aktuelle Erkenntnisse der Gehirnforschung und andererseits eine passende Didaktik. Ich bin weit davon entfernt, einen über das Internet übertragenen Vortrag abzulehnen. Allerdings ist das kein Webinar. Noch schlimmer wird es, wenn dieser Vortrag darunter leidet, dass es den Vortragenden überrascht und aus dem Konzept bringt, „nur" in eine Kamera zu reden. Wer es gewohnt ist, vor einem Publikum zu sprechen, wie es zum Beispiel Dozenten oder Redner sind, der wird im Webinar überrascht feststellen, dass ihm sowohl Mimik und Gestik als auch die Rückmeldungen des Publikums, Lachen und so weiter, und damit wesentliche Orientierungspunkte, fehlen. Wie oft merkt man ihm das an? Auf diese Art und Weise gelingt es, mit der Zuverlässigkeit einer Tretmine, dass Wertschöpfung und Nutzen für den Webinar-Teilnehmer verpuffen.

Erkennen auch Sie Parallelen zu den Anfängen des Fernsehens? In seinen ersten Jahren war es lediglich ein Nachahmen dessen, was Live-Varieté-Shows, Theaterbühnen und das Kino bereits an Inhalten boten. Es dauerte bis in die frühen 60er Jahre – das Attentat auf John F. Kennedy war hier der konkrete Auslöser – bis das Fernsehen seine Fähigkeit, „genau jetzt und hier mit dabei zu sein", realisierte und allmählich sein volles Potenzial auszuschöpfen begann. Insofern bin ich auch für Webinare guter Hoffnung.

Was wir aktuell mit der E-Mail erleben, ist eine Ironie. Ein Werkzeug, geschaffen, um die Kommunikation zu erleichtern und zu beschleunigen, erweist sich derzeit zu oft als Bremse. Aber liegt das an der E-Mail oder der dahinter steckenden Technik? Nein, es ist die Art und Weise, wie wir sie benutzen. Analoges lässt sich inzwischen für das interaktive Web 2.0 ableiten.

Nach Angaben des Statistischen Bundesamtes (www.destatis.de) nehmen psychische Erkrankungen zu. Als eine Ursache dafür wird die Beschleunigung unseres Alltags gesehen, die die Psyche vieler Menschen überfordert. Robert Schurz[50] benennt dafür vier Ursachen:

▶ Verlust von verbindlichen Normen

▶ Verlust von Sinngebung

▶ Verlust von Autonomie

▶ Verlust von Geborgenheit

Es ist also höchste Zeit zu überlegen, wie wir gegensteuern. Genau hier setzt dieses Buch an. Statt vorrangig auf Risiken und Gefahren zu fokussieren, die neue Technik und Kommunikationstechnologie zweifellos mit sich bringen, geht es darum, Wege aufzuzeigen, wie wir am besten damit umgehen und wie es gelingt, die Chancen und Möglichkeiten, die diese Innovationen eröffnen, seien es sinnstiftende, gewinnbringende oder ähnliche zu erkennen und zu nutzen. Dass es diese zweifellos gibt, belegen folgende Beispiele:

▶ Der US-Armee gelang es, über ein einziges Video-Spiel mehr Soldaten zu rekrutieren als über alle anderen Werbemaßnahmen zusammen.

▶ Sodexho, ein französisches Unternehmen für Catering, Gemeinschaftsverpflegung und Hausmeisterdienste, sparte 300.000 Dollar für seine Personalbeschaffung, indem es Twitter nutzt.

▶ Der Tierschutzbund der USA generierte in einem Online-Foto-Wettbewerb auf Flickr 650.000 Dollar neuer Spenden.

▶ IBM verkaufte über einen Podcast, der nur 500 US-Dollar kostete, mehr als über eine gedruckte Anzeige.

▶ Innerhalb von nur einer Woche erreichten Aufrufe des Roten Kreuzes Spenden für Haiti-Opfer in Höhe von 35 Millionen Dollar.

Ein Blick auf Zahlen und Fakten vermittelt einen Eindruck davon, mit welcher Geschwindigkeit an Wachstum und Veränderung wir es aktuell zu tun haben:

Um 50 Millionen Nutzer zu erreichen, brauchten

▶ das Radio 38 Jahre,

▶ das Fernsehen 13 Jahre,

▶ das Internet 4 Jahre, und

▶ Facebook gewann 100 Millionen Nutzer in weniger als neun Monaten.

(Quelle: http://www.youtube.com/watch?v=0otmhtMFCtI)

Oder:

▶ Virtuelle Netzwerke (Social Media) haben Pornografie als Aktivität Nummer eins im Web abgelöst.

▶ Menschen besuchen Facebook häufiger als Google; Twitter ist gerade dabei, Google als Adresse Nummer eins, wenn es um die Informationssuche geht, abzulösen.

▶ Wäre Facebook ein Land, wäre es das drittgrößte nach China und Indien. Das am schnellsten wachsende Segment bei Facebook sind Frauen im Alter von 55 bis 65 Jahren.

Es ist ausgeschlossen, diese Entwicklung zu stoppen. Sinnvoller und im Sinne von Fortschritt zielführender, als den Menschen Angst zu machen und sie zu verunsichern, ist es, sie auf verfügbare Werkzeuge hinzuweisen, die sie im Umgang mit – zweifellos vorhandenen – Risiken unterstützen, sie bei Bedarf in der Handhabung dieser Werkzeuge zu trainieren, um das Potenzial neuer Technologien auszuschöpfen mit dem Ziel, ihr Leben angenehmer werden zu lassen. Ein Schlüssel dafür ist zielführende Kommunikation. Mit diesem Buch appelliere ich einerseits an die, die über kommunikative Fertigkeiten verfügen und Werkzeuge zur Kommunikation beherrschen, sich einzubringen in soziale Netzwerke und dies sowohl mit ihrer Stimme als auch mit ihrer Kompetenz. Alle die, denen diese Meisterschaft bisher fehlt, die aber daran interessiert, offen und bereit sind, ihr näher zu kommen, finden in diesem Buch ein reichhaltiges Buffet an Tipps, Ideen und Methodenwissen, wie das gelingt. Wählen Sie daraus solche aus, die in Ihrem Alltag und Verantwortungsbereich die größte Wertschöpfung und Lebensqualität generieren.

2. Sieben Thesen zur Kommunikation im Web 2.0

Erste These:

Es ist es ein Irrtum zu glauben, ausschließlich die Tatsache, über moderne Kommunikationstechnologien zu verfügen und sie zu nutzen, führt automatisch zu einem Wettbewerbsvorsprung.

Sie zu besitzen, kommt lediglich einer Art Eintrittskarte gleich, die sowohl Unternehmen als auch Einzelpersonen und Personengruppen den notwendigen Zutritt gewährt, um überhaupt „mit dabei" zu sein. Um aber unternehmerische Wertschöpfung oder für sich persönlich einen Nutzen zu generieren, sollten wir auch auf andere Schwerpunkte fokussieren als primär auf die technologische Infrastruktur. Dazu eine Analogie: Wenn Sie ein PS-starkes Auto fahren, wäre es ein Fehler, daraus automatisch abzuleiten, dass Sie derjenige sind, der in der Lage ist, sich am schnellsten und sichersten von einem Ort A zu einem Ort B zu bewegen. Das zu erreichen, setzt ein gewisses fahrerisches Können einerseits und ein angepasstes Verhalten mit so vielen Pferdestärken voraus. Überschätzen Sie dagegen die Technik oder sich selbst, kann die Fahrt im Graben oder noch tragischer enden. Fahren Sie dagegen ein PS-schwaches Auto, ist Ihr fahrerisches Können umso mehr gefragt. Ähnlich verhält es sich mit moderner Kommunikationstechnologie, die, genau wie das Auto, häufig primär als Statussymbol dient, mitunter auch als Spielzeug und unterhaltsamer Zeitvertreib. Allein die Tatsache, über brandneue Technik und viele Kommunikationskanäle zu verfügen, bedeutet noch lange nicht, in der Lage zu sein, optimal zu kommunizieren. Erst gepaart mit kommunikativen Fertigkeiten, entsprechender Methodenkenntnis, dem Vermögen und Willen, sich anderen gegenüber respektvoll zu verhalten, der Fähigkeit, sich anderen gegenüber verständlich auszudrücken – was unter anderem ein Mindestmaß an muttersprachlicher Kompetenz voraussetzt – wird es möglich, das Potenzial moderner Kommunikationstechnologie auszuschöpfen. Letztlich geht es um zwischenmenschliche Kommunikation und um vertrauensvolle Beziehungen, aus denen alle Beteiligten einen Nutzen ziehen. Wem das gelingt, der darf sich glücklich schätzen. Hierbei dient die Technik (lediglich) als Mittel zum Zweck.

Zweite These:
Leider schreibt moderne Kommunikationstechnologie derzeit dem Anwender noch immer zu stark vor, wie er sie zu nutzen hat, was geht und was nicht. Besser wäre es, die Technik würde für und maßgeschneidert auf die Bedürfnisse des Anwenders entwickelt. Hier ist ein Paradigmenwechsel gefragt.

Schauen wir uns dazu als Beispiel die Erlebnisse der 16-jährigen Thessa aus dem Hamburger Stadtteil Bramfeld an. Sie lud im Frühjahr 2011 über Facebook zu ihrem Geburtstag ein. Dabei unterlief ihr ein falscher Mouseklick. Sie versäumte es, Gäste gezielt auszuwählen statt sie „ungefiltert" einzuladen. Das führte dazu, dass rund 2.000 Gäste erschienen. Diese trafen zunächst vor Thessas Elternhaus ein. Später verteilten sie sich über die Vorgärten der Nachbarn. Es kam zu hässlichen Szenen, zu denen Ausschreitungen, Alkoholexzesse und Vandalismus zählten. Die Polizei veranlasste Festnahmen. Natürlich wird es jetzt Stimmen geben, die zu dieser Situation sagen, auch in der virtuellen Welt gilt es, aufmerksam und überlegt zu handeln statt vorschnell mit der Mouse zu klicken. Das ist zweifellos richtig. Wie aber würde es beim Nutzer ankommen, würde er die Fürsorge der „Macher" spüren, die Folgen solcher Fehler im Voraus bedacht, in der praktischen Umsetzung berücksichtigt und damit Schäden wie diesem vorgebeugt zu haben? In Kapitel 8 wird die Bedeutung von Fürsorge für den Aufbau von Vertrauen erläutert. Für ein leistungsstarkes Web 2.0 ist Vertrauen keine Option, sondern zwingend. Eine weitere Schwachstelle ist der Datenschutz. Was ist davon zu halten, wenn selbst IT-Sicherheitsunternehmen, die ihr Geld damit verdienen, andere dabei zu begleiten, ihre IT-Sicherheit zu optimieren, diesbezügliche Lücken aufweisen? So wurde am 4. Juni 2011 Infragard, eine Organisation in Atlanta, hinter der sich ein Liason-Büro des FBI mit einer Reihe von US-IT-Sicherheitsfirmen verbirgt, gehackt. Kurz darauf publizierten die Hacker 176 Benutzernamen und Passwörter von Infragard-Nutzern. Was dabei zusätzlich peinlich auffiel? Es handelte sich um relativ simple Passwörter, wie zum Beispiel reine Zahlenreihen. Solch simple Passwörter wurden auch für E-Mail-Konten und Firmenserver eingesetzt. Aber Hand aufs Herz: Wie oft vertrauen wir IT-Experten blind, ähnlich wie den sogenannten „Göttern in weiß"? Wie oft sind wir damit schon auf die Nase gefallen? Wie lange wollen wir damit weitermachen? Der Einbruch auf Infragard ermöglichte es den Hackern auch, private E-Mails von US-Sicherheitsexperten zu lesen. Diese, so wurde deutlich, bieten den US-Sicherheitsbehörden Dienstleistungen wie die Unterwanderung der Server von lybischen Oppositionellen oder die digitale Übernahme der Infratsruktur von Ghadaffis Ölfeldern an. In welchem Licht erscheinen bei dieser Faktenlage die etwa eine Woche zuvor auf einer Sicherheitskonferenz in Singapur geäußerte Forderung des US-Verteidigungsministers Robert Gates, international koordiniert gegen Hacker vorzugehen? Noch eins zeigt dieses Beispiel: Es lohnt sich, zu überlegen, für welchen Zweck welcher Kommunikationskanal optimal geeignet ist. Auch mal die Finger davon zu lassen, einfach „in die Tasten zu hauen", weil es so schnell und einfach geht, kann einem viel Ärger ersparen.

Dritte These:
Wer das Handwerkszeug „klassischer" Kommunikation beherrscht – damit sind sowohl das Gespräch von Angesicht zu Angesicht und die Moderation von Gruppengesprächen als auch die schriftliche Kommunikation auf Papier gemeint – wird es in der Online-Kommunikation leichter haben, zielführend, erfolgreich und sinnstiftend zu agieren.

Wem dieses solide Fundament fehlt, produziert mit hoher Wahrscheinlichkeit – dies oft fahrlässig – kritikwürdige Verbalakrobatik, Wortfolter, sprachlichen Vandalismus, kommt aggressiv, verletzend oder missverständlich an oder stößt insbesondere interessante, lebenserfahrene und seriöse Kommunikationspartner aus anderen Beweggründen, ab. Lassen Sie mich als Beispiel das sogenannte

Cyber-Mobbing wählen. Da werden Bewertungsportale, zum Beispiel solche, auf denen Schüler ihre Lehrer bewerten können, missbraucht, um Lehrer oder auch andere Schüler zu verhöhnen oder zu tyrannisieren. Da werden peinliche Szenen provoziert, mit dem Handy gefilmt und ins Internet, zum Beispiel auf ein Videoportal, gestellt.

Vierte These:
Es ist großartig, welche hervorragenden Möglichkeiten der Recherche das Internet heute bietet.

Wahrscheinlich schätzen sie diejenigen, die ihre Literaturrecherche zur Diplom- oder Doktorarbeit noch ausschließlich klassisch in Bibliotheken erledigten, ganz besonders. Sie kennen den Unterschied aus eigener Erfahrung. Sie haben selbst erlebt und gespürt, wie viel Zeit eingespart wird oder wie viel mehr Quellen in derselben Zeit recherchierbar werden. Das Internet zur soliden Recherche zu nutzen, setzt jedoch voraus, in der Lage zu sein, die Seriosität von Informationsquellen beurteilen zu können. Darin sind vor allem Jugendliche, aufgrund mangelnder Erfahrungen, Erwachsenen unterlegen. Aber auch Eltern fühlen sich mitunter verunsichert, ihren Kindern hier als guter und vertrauensvoller Ratgeber zur Seite zu stehen. Journalisten gehören zu einer Berufsgruppe, die diese Disziplin von der Pike auf lernt. Eine ihrer „goldenen" Regeln lautet: Eine Nachricht wird erst dann publiziert, wenn mindestens eine zweite Quelle die Fakten bestätigt. Aber selbst Profis können Fehler unterlaufen. Was passierte nach dem Amoklauf von Winnenden? Es wurde über die Medien (mit wenigen Ausnahmen) publiziert, dass der Amokläufer Tim K. seine Tat im Internet angekündigt hatte. Konkret ging es um die Webseite www.krautchan.net. Diese zählt zu den sogenannten Imageboards (siehe Glossar). Was den Wahrheitsgehalt hier publizierter Nachrichten betrifft, so sind Skepsis und Vorsicht angesagt. Hinzu kommt: Nicht alles, was recherchierbar ist, ist auch erlaubt. Hier kommen rechtliche Aspekte ins Spiel. Virtuelle soziale Netzwerke dienen im Bereich Personal zum Beispiel als Recruiting-Werkzeug. Aktuell nutzen in Deutschland mindestens ein Drittel aller Unternehmen diese Möglichkeit, meist um Kosten zu sparen. Dabei ist es wichtig, die AGBs jeweiliger Anbieter, wie zum Beispiel StudiVZ, zu beachten und zu respektieren. Aktuell ist ein neuer Regelungsentwurf im Beschäftigungsdatenschutz in Arbeit. Wir dürfen also gespannt sein auf baldige, neue rechtliche Rahmenbedingungen. Wer diese jedoch so interpretiert, dass er sich jetzt sicher fühlt und meint, Fotos und Texte und Kommentare leichtsinnig ins Netz setzen zu können, der sollte inne halten. Was einmal im Netz steht, insbesondere Inhalte mit „delikatem", mehrdeutigen oder reißerischen Charakter, verbleiben dort hartnäckig und sind, wenn überhaupt, nur schwer zu entfernen.

Fünfte These:
In unserem schnelllebigen Alltag fehlt für die Pflege von echten Freundschaften häufig die Zeit oder die Muße. Soziale Netzwerke versprechen uns, unseren Freundeskreis in kurzer Zeit rasant vergrößern zu können. Inwieweit ist das glaubhaft?

Inwieweit ist das nachhaltig? Was ist zum Beispiel davon zu halten, wenn von Kindern und Jugendlichen im Netzwerk ein Ranking der Freunde abgefragt wird? Da ist Freund Peter die Nummer eins bei Norbert. Norbert rangiert bei Peter jedoch nur auf Platz zwei oder sogar drei. Konflikte werden völlig unnötig provoziert. Oder: Mit welcher Begründung schenken wir Personen, die wir nie persönlich kennengelernt haben, so viel Vertrauen, dass wir freizügig persönliche Daten preisgeben, von sehr persönlichen mehr oder weniger intimen Fotos oder Videos ganz zu schweigen? Bedenken wir darüber hinaus, dass stets erneut sogenannte Datenpannen selbst namhafte, virtuelle Communities erschüttern. So wurden im Oktober 2010 Informationen von Facebook-Nutzern an mehrere Dutzend Werbeunternehmen und Firmen weitergeleitet.

Hinzu kommt: Vielen Menschen in unserem deutschen Kulturkreis, mangelt es an der Fähigkeit, aktiv zuzuhören. Diese jedoch stellt das Herzstück jeder gelungenen Kommunikation dar. Eines der Hemmnisse beim aktiven Zuhören stellt Ablenkung statt volle Konzentration auf unser Gegenüber als Kommunikationspartner dar. Das Internet, soziale Netzwerke und Mobilkommunikation verführen rund um die Uhr dazu, sich ablenken zu lassen. Wie oft sind wir primär auf „senden" programmiert und zu wenig auf „Empfang"?

Sechste These:
Auf der anderen Seite prophezeit so mancher Online-Marketer einen Hype und warnt davor, Social Media zu verpassen. Aber ist „Dabei sein ist alles" das richtige Motto? In Zeiten der Informationsüberflutung ist *weniger mehr!*

Hauptsache mitmischen, ohne zu prüfen, ob für diesen Zweck das Web 2.0 optimal ist, welche ungewollten Konsequenzen – auch rechtlicher Natur – sich daraus ergeben und inwieweit meine Zielgruppe das wünscht oder dafür ansprechbar ist, geht in die falsche Richtung. Dazu ein Beispiel: Ein Trainer, der für einen Vortrag innerhalb einer unternehmensinternen Veranstaltung gebucht wurde, war offensichtlich so glücklich über diese (relativ namhafte) Referenz, dass er den Namen des Auftraggebers, das Thema seines Vortrages, Ort und Zeit der (unternehmensinternen!) Veranstaltung auf Xing als Statusmeldung publizierte und sogar noch freizügig Interessierte zur Teilnahme einlud. Das war nicht im Sinne des Auftraggebers. Diese Eigenwerbung ging nach hinten los.

Umfragen zeigen, dass Mitglieder virtueller Gemeinschaften es ablehnen, dass ihre Profildaten für andere Zwecke verwendet werden als den, für den sie diese auf der Plattform plazierten. Darüber hinaus verdeutlicht eine sogenannte Medien-Nutzer-Typologie[36], die eine ARD-Projektgruppe erarbeitete, wie stark die Mediennutzung generell, aber auch die Nutzung der sogenannten Social Media in einzelnen Bevölkerungsgruppen voneinander abweicht. In diesem Projekt werden zehn Bevölkerungsgruppen unterschieden:

– Aktiv Familienorientierte (11,6 %)
– Häusliche (12,7 %)
– Junge Wilde (11,6 %)
– Berufsorientierte (10,7 %)
– Unauffällige (10,7 %)
– Vielseitig Interessierte (9,7 %)
– Kulturorientierte Traditionelle (8 %)
– Moderne Kulturorientierte (7,8 %)
– Zielstrebige Trendsetter (6,8 %)
– Zurückgezogene (6,4 %)

Der in Klammern gesetzte Wert entspricht dem prozentualen Anteil an der Gesamtbevölkerung. Wer mehr dazu erfahren möchte, was die Bevölkerungsgruppen jeweils charakterisiert und voneinander unterscheidet, sei auf die Quelle Oehmichen[36] und deren Autoren verwiesen.

Während nahezu alle E-Mails (mindestens einmal wöchentlich) nutzen (die Zielstrebigen Trendsetter mit 91,5 % am häufigsten, die Zurückgezogenen mit 62,5 % am seltensten), sieht es bei Social Media anders aus:

— 10 % der aktiv Familienorientierten nutzen (mindestens einmal wöchentlich) Xing. Sie sind damit die häufigsten Xing-Nutzer, gefolgt von Häuslichen mit 7,6 %. Die Vielseitig Interessierten und die Zurückgezogenen (jeweils passiv) scheinen derzeit keine Zielgruppe zu sein.
— Private Communities wie StudiVZ, Facebook und andere nutzen 63,7 % der Jungen Wilden (mindestens einmal wöchentlich) und damit am häufigsten. Auf Platz zwei folgen die Zielstrebigen Trendsetter mit 56,1 %, auf Platz drei die Unauffälligen mit 32,1 %. Schlusslicht bilden die Kulturinteressierten Traditionellen, von denen nur 5 % diese Communities (mindestens einmal wöchentlich) nutzen.
— An Gesprächsforen und Newsgroups beteiligen sich 35,3 % der Zielstrebigen Trendsetter am häufigsten, dicht gefolgt von den Jungen Wilden mit 34,7 %. Platz drei nehmen die Berufsorientierten mit 17 % ein. Schlusslicht bilden die Häuslichen. Sie sind passiv, während von den Kulturorientierten Traditionellen auch nur 1,5 % dabei sind.

Wer also, statt die „Empfangsbereitschaft" seiner Zielgruppe(n) zu prüfen und dann mit Sorgfalt vorzugehen, möglichst viel über Social Media hinausposaunt, kann eine vergleichbare Wirkung erzielen wie Spammer beim E-Mailen. Der Empfänger fühlt sich belästigt, seiner wertvollen Zeit beraubt, löscht aus Kapazitätsgründen Nachrichten oder empfängt sie niemals. Führen wir uns nur als ein Beispiel vor Augen, wie viel zusätzliche E-Mails Xing oder Twitter generieren? Eine Nachricht bei Xing generiert – es sei denn man blockt diese Funktion – eine E-Mail mit dem Hinweis, dass bei Xing eine Nachricht für den E-Mail-Empfänger eingegangen ist. Diese kann nur auf Xing gelesen werden. Wäre die

Nachricht gleich mittels E-Mail versendet worden, wäre das weniger umständlich und der – ohnehin schon sensible Bereich – E-Mail-Posteingang – weniger belastet.

Siebte These:

Beim viralen oder Empfehlungsmarketing „nachzuhelfen", kommt früher oder später ans Licht und schadet dann mehr, als wenn man nichts unternommen hätte.

Es ist ein offenes Geheimnis, dass es häufig getan wird. Ein kritischer Blick auf die Buchrezensionen bei Amazon lohnt sich mitunter. Da lässt, neben der Masse an aufrichtig verfassten Kommentaren, so manch aufgehübschte Kritik einerseits oder anonym geäußerter Frust andererseits, der dem Werk in keiner Weise gerecht wird, stutzig werden. Jeder ist klug beraten, im Web 2.0 auf seinen guten Ruf zu achten: Genauso, wie soziale Netzwerke einerseits eine Grundlage für Empfehlungsmarketing sein können und den guten Ruf eines Unternehmens stabilisieren und noch bekannter machen, kann andererseits, selbst ohne jegliche Web 2.0-Aktivitäten des Unternehmens, dessen Ruf leiden. Wie das aussehen kann und welche Folgen ungeschickte, unüberlegte oder fehlerhafte Kommunikation einerseits und fehlende Transparenz andererseits haben kann, zeigen folgende Beispiele:

- Pampers gegen bloggende Eltern: Im Frühjahr 2010 forderten Eltern im Internet den Rückruf von Pampers-Windeln mit Dry-Max-Technologie, weil sie diese als unsicher empfinden und erlebt haben: Die Windeln hatten bei ihren Babys Hautausschläge, Blasen, Verätzungen und sogar Infektionen hervorgerufen. Der Windel-Hersteller Procter & Gamble bestritt dies. Es kam zu Klagen gegen das Unternehmen. Die Kläger strebten neben dem Sammelklagen-Status auch die Übernahme der medizinischen Behandlungskosten an. Procter & Gamble veröffentlichte als Reaktion eine Stellungnahme, in der das Unternehmen einerseits sein Mitgefühl mit den Betroffenen ausdrückt, andererseits jedoch erklärt, die Behauptungen seien „vollkommen falsch". Wie kam das wohl bei den Eltern an? Welche großartige Chance, den Anwendern zuzuhören, ihre Sorgen ernst zu nehmen und daraus Schritte abzuleiten, was zu verändern ist, wurde hier vergeben?

- Die von Foodwatch ins Leben gerufene Webseite www.abgespeist.de entlarvt, gemeinsam mit Verbrauchern, Werbelügen auf Lebensmitteln. Alljährlich wird ein „Goldener Windbeutel" gewählt und verliehen für die größte Werbelüge des Jahres. 2010 ging dieser an den „Monte Drink" von Zott, „für seinen unverantwortlichen Versuch, eine Zuckerbombe wie eine gesunde Zwischenmahlzeit zu bewerben". In einer Mogelliste findet der Verbraucher Fakten, die viele verblüffen und umdenken lassen. Interessant liest sich auch so manche Reaktion von Herstellerfirmen.

- Der Schokoriegel KitKat der Firma Nestlé hatte 700.000 Anhänger auf Facebook. Nachdem Greenpeace bekannt machte, dass Nestlé das Palmöl für Kit-Kat-Riegel von Produzenten aus Indonesien bezieht, die für ihre Produktion Urwald und damit den Lebensraum dort ansässiger Orang-Utans abholzen, schlug die Stimmung bisheriger Fans auf Facebook um. Es hagelte viel Kritik. Der Druck auf Nestlé wuchs. Nestlé entschied sich, die Seite zu schließen. Damit brach der Kontakt zu 700.000 Anhängern, viele davon Kunden, abrupt ab.

- Ähnlich schlechte Erfahrungen wie Nestlé sammelte der Stromanbieter Teldafax auf Facebook. War das Engagement hier so angelegt, mit wohlklingenden Unternehmensmitteilungen das Image des Unternehmens aufzupolieren, kommentierten Kunden diese Botschaften mit ihren eigenen, sehr negativen Praxiserfahrungen und beschwerten sich über mangelnde Kommunikation. So wurde von wochenlang unbeantworteten E-Mails und Faxen berichtet, von einer für Kunden unerreichbaren Telefon-Hotline und von Irritationen im Zusammenhang mit Rechnungen. Bestandskunden rieten Interessenten dringend von einem Wechsel zu Teldafax ab.

- Dave Carroll, ein kanadischer Songschreiber und Gitarrist, machte nach einem Flug mit der Fluggesellschaft United Airlines eine bittere Entdeckung. Das Gepäck seiner Gruppe, darunter auch ihre Musikinstrumente, waren unsachgemäß behandelt worden: Seine Gitarre erlitt irreparable Schäden und war unbrauchbar. Er hatte so etwas befürchtet, als er bei einem Zwischenstopp beobachtete, wie leichtsinnig Gepäckstücke beim Transport geworfen wurden und dabei häufig zu Boden gingen. Seine Beschwerden bei der Fluggesellschaft stießen auf taube Ohren. Die Fluglinie weigerte sich hartnäckig, Carroll den Schaden zu ersetzen. Er drehte ein viereinhalbminütiges Musikvideo „United Breaks Guitars", in dem er die Fakten schilderte, seine Erfahrungen und Empfindungen beschrieb und musikalisch untermalte. Er publizierte das Musik-Video auf YouTube. Inzwischen haben über neun Millionen Menschen Carrols musikalischen Protest gesehen. Nachrichtensender übertrugen diese Geschichte. Nach eigenen Angaben hat Carroll danach das finanziell beste Jahr seiner Karriere erlebt, weil er mehr Musik verkauft habe und öfter für Auftritte gebucht worden sei als vorher. United Airlines hingegen dürfte der Imageschaden nach Expertenschätzungen etwa 180 Millionen US-Dollar gekostet haben. Das ist mehr als das Fünfzigtausendfache des Wertes, den Dave Carroll für den Verlust seiner Gitarre gefordert hatte.

Sehr erfreulich dagegen meine kürzliche Erfahrung mit der Marke Frank Walder. Ich hatte eine Jacke dieser Marke gekauft, die rasch zu einem meiner Lieblingsstücke wurde. Als ich sie das erste Mal reinigen lassen wollte, überraschte sowohl mich als auch meine Reinigung das eingenähte Schild mit den Pflegehinweisen. Alle Pflegesymbole waren durchgestrichen. Die Jacke durfte weder gewaschen noch gereinigt werden. Ich schickte die (für mich nun unbrauchbare) Jacke zum Hersteller. Innerhalb von nur drei Werktagen hatte ich eine Jacke derselben Farbe aus der aktuellen Kollektion, allerdings aus einem anderen Materialmix, mit dem Pflegezeichen P versehen und damit chemisch zu reinigen. Das nenne ich Kundendienst und „aus Fehlern lernen".

3. Vorschläge, es besser zu machen

IT-Experten sollte es besser gelingen, die Perspektive der Nutzer einzunehmen

Das Internet, insbesondere die verfügbare Infrastruktur, wird noch immer stark von Technikern, vor allem von Informatikern, bestimmt. Inwieweit sind sie bereit und in der Lage, sich aus ihrer eigenen Perspektive in die des Anwenders zu begeben? Hinzu kommt: Wie wenige jedoch von den IT-Fachleuten und Technik-Experten verstehen sich auf zwischenmenschliche Kommunikation? Diese Disziplin fehlt komplett in Lehrplänen für IT-Fachleute, dies obwohl immer mehr Kommunikation über IT-Infrastruktur abläuft. Wohin führt das? Zu oft noch haben sich Nutzer an die Technik anzupassen. Zu wenig wird die Infrastruktur auf die Bedürfnisse ihrer Anwender zugeschnitten, von (aus Anwenderperspektive) verständlicher Sprache ganz zu schweigen (vgl. Kapitel 11). Hier ist ein Paradigmenwechsel gefragt!

Sinn, Zweck und Ziele definieren und kommunizieren

Es hat sich bewährt, sowohl den Sinn und Zweck des Forums und sein(e) Ziel(e) zu definieren als auch ein Regelwerk, quasi die Spielregeln (auch Policy genannt) im Umgang miteinander. Das betrifft zum Beispiel Fragen zum Datenschutz, zu Verhaltens-Etiketten oder zum Marken- und Urheberrecht. Damit gelingt es besser zu gewährleisten, dass der Zweck der virtuellen Plattform erfüllt, Missbrauch und Missverständnissen vorgebeugt wird und die Ziele erreicht werden. Doch was nutzen Spielregeln, wenn zu wenige sich daran halten? So suchte im US-Staat Philadelphia eine 20-jährige über Facebook einen Mörder für ihren Ex-Freund und Vater ihres Kindes. Ein 18-Jähriger aus der Umgebung fand sich bereit, diese Tat für 1.000 Dollar zu begehen. Die 20-Jährige schickte ihm Adressdaten und eine Beschreibung ihres Ex-Freundes. Der Ex-Freund alarmierte die Polizei, und diese fand in der Wohnung des 18-Jährigen eine Waffe. Die 20-jährige Mutter wurde wegen Anstiftung zum Mord angeklagt. Fazit: Welch zweckentfremdete Nutzung eines sozialen Netzwerkes einerseits! Was für eine Naivität andererseits, anzunehmen, ein kriminelles Anliegen unerkannt auf diese Weise erledigen zu können.

Es hilft also, über die Definition und Kommunikation des Regelwerks hinaus, darauf zu achten, dass diese Spielregeln respektiert und eingehalten werden. Mit gutem Beispiel geht hier die Webseite www.solingen-spart.de voran. Leider wird der hier geführte Gedankenaustausch von weniger Menschen verfolgt als eine von den Massenmedien ausgestrahlte Debatte im Deutschen Bundestag. Wie schwer sich gewählte Volksvertreter bereits in der Kommunikation von Angesicht zu Angesicht mit einer sachbezogenen Gesprächsführung tun, zeigt eine auf YouTube publizierte Phoenix-Video-Serie zur politischen Rhetorik: Das große Palaver. Erschreckend, mit welcher Leichtigkeit manch Abgeordnete/r sich disziplinlos verhält, wie sehr der Beobachter in ihren/seinem Verhalten Respekt dem Vorsitzenden gegenüber vermisst und wie viel Zeit mit Streitgesprächen darüber verloren geht, statt sie den anstehenden Sachthemen zu widmen, die den Bürgern wichtig sind oder aktuell unter den Nägeln brennen. Da wird zum Beispiel vom Präsidenten das Fehlverhalten des aktuellen Redners angesprochen und bei nochmaligem Vergehen ein Ordnungsruf oder sogar ein Wortentzug angekündigt. Den Redner beeindruckt das kaum oder gar nicht. Nicht einmal einen Ansatz zum Umlenken lässt er/sie erkennen. Vielmehr reagiert er/sie aggressiv, beleidigt oder reagiert in ähnlicher Weise unpassend. Wenn schon der Bundestag sich mit solchem respektlosen Verhalten, und ich meine hier „locker" und vorsätzlich zur Schau getragenes, gezieltes Verhalten, nicht etwa fahrlässig in der Alltagshektik unterlaufene Fehler, auseinanderzusetzen hat, wie herausfordernd ist dann erst die Aufgabe des Moderators oder Managers eines virtuellen Netzwerkes, in dem vieles einerseits anonym, andererseits rund um die Uhr läuft und es damit fast ausgeschlossen ist, sofort angemessen zu reagieren. Hier sind praktikable Lösungen gefragt.

Rückbesinnung auf Grundgesetze zwischenmenschlicher Kommunikation

Grundgesetze zwischenmenschlicher Kommunikation, gegenseitiger Respekt im Umgang miteinander oder Werte werden in den letzten Jahrzehnten in der täglichen Kommunikation immer weniger vorgelebt und berücksichtigt. Zunehmend werden diese den Menschen fremd. Hier appelliere ich an jeden Einzelnen von uns, seinen Umgang mit anderen im Alltag kritisch zu hinterfragen. Wie häufig sind es

▶ menschenverachtende oder abwertende Äußerungen,

▶ ein überheblicher, aggressiver oder anderweitig unpassender Ton,

die in einer, bereits jetzt schwer erträglichen, hohen und leider weiter steigenden Frequenz Menschen zusetzt, sie krank machen kann und sie unnötig Energie kostet. Leider, und ich habe das oben bereits angesprochen, wird dieser Trend über die Massenmedien forciert: Personen, die uns besonders häufig über Fernsehen, Radio oder Presseerzeugnisse erreichen, oft solche in Führungspositionen, stellen bisher nur in Ausnahmefällen Vorbilder in Sachen respektvoller und zielführender Kommunikation dar. Lassen Sie uns das gemeinsam verändern!

Journalisten und Germanisten kennen die Macht der Worte. Was aber denken die vielen Laien? „Wenn (vermeintlich) mediengewandte Eliten auf diese Weise kommunizieren, dann ist das auch für mich der richtige Weg, mit anderen zu kommunizieren." Welch gefährlicher Irrweg! Der Journalist Gerd Held[22)] bezeichnet das als „Meer der Nachlässigkeiten, des schnell Dahingesagten, des Ausfransens der Wortbedeutungen und der Gleichgültigkeit im Satzbau", mit denen „es so leicht erscheint, die Gedanken im Land zu lenken". Dabei gewinnen einerseits Grundgesetze zwischenmenschlicher Kommunikation und kommunikative Fertigkeiten, wie zum Beispiel

▶ Rhetorik,

▶ Anerkennung und Kritik adäquat äußern,

▶ ein Brainstorming, einen Dialog, eine Debatte oder eine Diskussion führen,

▶ sich kurz, prägnant und verständlich ausdrücken,

andererseits Fähigkeiten wie

▶ Prioritäten setzen und Zeitmanagement,

▶ aktives Zuhören,

▶ das schnelle Erfassen von gelesenem Text

mit zunehmender Informationsflut signifikant an Bedeutung. Schließlich wird es einerseits immer schwieriger, die Aufmerksamkeit anderer – sei es die des Chefs, der Auftraggeber, der Kollegen und so weiter – zu gewinnen, andererseits, die 24 Stunden, die jedem täglich zur Verfügung stehen, effizient zu nutzen und mit Lebensqualität zu füllen. Wem das gelingt, gewinnt an Vorsprung.

Als Leser dieses Buches frischen Sie Ihre kommunikativen Fertigkeiten auf. Es wird Ihnen gelingen, Online-Foren zu bereichern. Gleichzeitig werden Sie spüren, wie Sie in der Kommunikation von Angesicht zu Angesicht besser ankommen, mehr Aufmerksamkeit, Respekt und Anerkennung gewinnen.

4. Wie antike Weisheiten elektronische Kommunikation unterstützen

Vor mehr als 2.500 Jahren erarbeitete der Grieche Aristoteles Regeln für eine ausgefeilte Rhetorik. Zu dieser Zeit kommunizierten die Menschen meist von Angesicht zu Angesicht. Inwieweit hat seine antike Lehre in der heutigen, oft gesichtslosen Kommunikation von einem Bildschirm zum anderen noch Bestand? Eine meiner geschätzten kanadischen Kolleginnen, Christina Cavanagh[7] prüfte, inwieweit Aristoteles Lehre uns hilft, bessere E-Mails zu verfassen. In Anlehnung an ihre Gedanken beleuchte ich diese Frage im Folgenden für virtuelle soziale Netzwerke:

Inhalt

Der ureigenste Zweck jeder Form der Kommunikation besteht darin, einem anderen Informationen so zu übermitteln, dass diese ihn erreichen und er sie versteht. Das ist Voraussetzung dafür, dass er in gewünschter Weise reagieren kann. Aristoteles nannte dies „Hauptgesichtspunkte". Heute würden wir sagen: „Kenne deine Agenda."

Aktuell erleben wir, wie entscheidend gerade dieses Prinzip bei der Online-Kommunikation ist. Wie wir es in der E-Mail-Kommunikation umsetzen, habe ich im „E-Mail-Knigge"[13] erläutert. Analoges kann für Bloggs, Chats, Xing, Twitter, Diskussions- und Bewertungsforen bis hin zu Webseiten nützlich sein. Wie schnell lassen wir uns zum Beispiel auf Twitter zum „Zwitschern" verführen allein deshalb, weil es so schnell und einfach geht. In der privaten Kommunikation mag das jedem freigestellt sein. Inwieweit aber überblicken wir die Folgen? Der 46-jährige US-Abgeordnete Anthony Weiner hat sie offensichtlich unterschätzt. Er sendete am 26. Mai 2011 über Twitter einer 21-jährigen Frau ein Foto mit seinem erigierten Penis in Unterhose. Ein Blogger namens Andrew Breitbart veröffentlichte dieses von Weiners offiziellem Twitter-Zugang versendete Foto. Da Anthony Weiner auf Twitter etwa 40.00 Follower hat, versuchte er, das Foto wieder zu löschen. Seine Versuche jedoch scheiterten. Dann versuchte er, sich mit Lügen aus der Affäre zu ziehen. Auch das misslang. Es wurde sogar noch schlimmer, denn immer mehr Details wurden bekannt: Mit etwa sechs Frauen hatte er in den vergangenen drei Jahren „ungebührliche Konversationen" über Twitter, Facebook, mittels E-Mail und Telefon geführt. Seiner politischen Karriere hat das massiv geschadet.

Dieses Beispiel verdeutlicht einerseits, wie eng privates Verhalten persönliche Karrieren beeinflusst und andererseits, wie lange und hartnäckig einmal ins Internet gesetzte Inhalte dort verbleiben. Lassen Sie mich erneut betonen, wie wichtig es ist, zunächst zu überlegen, welcher Kommunikationskanal für welchen Zweck optimal ist. Wenige Sekunden oder Minuten mehr investiert in diese Überlegung können einem Tage an Zeit sparen, von Ärger und Peinlichkeiten ganz zu schweigen. Das zeigt auch das folgende Beispiel aus England.

Ian Pudding, ein mittelständischer Unternehmer aus London, seit 2007 verheiratet, wird von seiner Frau Leena betrogen. Im Mai 2009 erfährt er davon, als ihr Mobiltelefon im Garten klingelt und er, da sie im Haus zu tun hat, sich kümmert und (neugierig) nachsieht. Übermittelt wurde das Nacktfoto ihres früheren Chefs Timothy Haynes in einem Badezimmer in einer sexuell eindeutigen Pose. Was folgte, war eine Kleinkrieg zwischen dem Liebhaber, der selbst verheiratet und dreifacher Familienvater war und dem betrogenen Ehemann. Timothy Haynes setzte eine Detektivagentur auf Ian Pudding an. Er wollte damit beweisen, Ian Pudding wäre ein Lügner und setze ihn und Leena Pudding mit erfundenen Affären unter Druck. Ian Pudding richtete daraufhin vier Blog- und Webseiten ein. Dort veröffentlichte er die Chronik der Beziehung zwischen seiner Frau Leena und dem Versicherungsmanager Haynes, mehrere Liebesbriefe und anzügliche E-Mails, dazu die Beweise, dass oppulente Einladungen und Vergnügungsrechnungen von Haynes als Firmenspesen abgerechnet wurden. Der Fall landete schließlich vor Gericht. Timothy Haynes verlor seine Klage gegen Ian Pudding, von dem er sich aufgrund der eingerichteten Webseiten drangsaliert fühlte. Die Kommentatoren interpretieren den Richterspruch als einen Sieg für das freie Wort.

In der geschäftlichen Kommunikation ist Zeit Geld. Kommunizieren in virtuellen sozialen Netzwerken kostet zweifellos Zeit. Womit also sind diese zusätzlich benötigten Ressourcen zu begründen? Wenn den Empfänger unserer Botschaft mehr (Wert) erreicht als eine Fülle von Text auf seinem Bildschirm, dann wäre das ein Schritt in die richtige Richtung.

Was halten Sie davon, bereits vor dem Schreiben die Fragen nach dem *Was* und dem Zweck der Botschaft zu beantworten?

▶ *Was* konkret möchte ich erreichen?
  Was möchte ich beim Leser/Empfänger bewirken?

▶ Inwiefern handelt es sich bei meinem Beitrag um einen, der Leser dieses Forums, den Empfänger meine Nachricht oder den Besucher dieser Webseite anspricht, von ihnen als passend, wertvoll oder nützlich empfunden wird? Weshalb überhaupt verfasse ich ihn?

Inhalt ist ein Schlüsselfaktor in virtuellen sozialen Netzwerken!

Der englische Begriff für Inhalt ist Content. Ein Content-Management-System, auch als CMS abgekürzt, ermöglicht es, Inhalte, die auf Webseiten angezeigt werden, zu managen. In ihren Anfangsjahren dienten CMS IT-Laien, denen Programmiersprachen fremd waren, als Hilfe, ihre Webseiten eigenständig zu aktualisieren. Heute können (gute) CMS viel mehr als das. Sie sind zum Beispiel technisch in der Lage, Webseiten zu generieren, die auf den jeweiligen Besucher zugeschnitten sind. Anhand des Verhaltens des Besuchers wird erkannt, welches Produkt oder welche Produktgruppe aktuell seine besondere Aufmerksamkeit auf sich lenkt. Dementsprechend werden nur solche Bilder, Videos, Texte und so weiter nachgeladen, die (mit hoher Wahrscheinlichkeit) diesen Bedürfnissen entsprechen. Information über alternative Produkte bleiben außen vor. Ein Beispiel: Interessiert sich der Besucher eines Online-Shops für Fahrräder zum Beispiel gezielt für ein Mountain-Bike, werden nur Informationen dazu angeboten, dies wiederum in geschickter Reihenfolge und Menge. Bilder und Angebote zu Kinderfahrrädern oder Citybikes gibt es keine. Es wird so gleichzeitig vermieden, den Besucher mit zu viel Informationen zu überfluten. Technisch funktioniert das System einwandfrei, vorausgesetzt es wurde an der jeweils richtigen Stelle mit den passenden Daten (Produktnutzen) bestückt. Das jedoch erweist sich für denjenigen, der das CMS als Webseiteninhaber und -betreiber nutzen will, oft als größte Herausforderung. Schließlich gilt es, im Voraus zu entwerfen, wie verfügbares Bild- und Textmaterial von den eigenen Produkten und Angeboten zielgerichtet in eine geeignete Struktur gebracht wird, um zu erreichen, dass die jeweilige, vom Nutzer-Klick-Verhalten abhängende Reihenfolge angezeigter Bilder und Texte aus Besuchersicht schlüssig ist, spannend bleibt und der Besucher die passenden Schritte, sei es die bis zur Kontaktaufnahme oder sogar bis zum Kauf geht.

Hier sind kommunikativ starke Verkäufer gefragt. Sie bauen ihre Verkaufspräsentation oder ihr Verkaufsgespräch analog auf. Sie stellen Fragen, hören aktiv zu, was der Gegenüber äußert und strukturieren auf dieser Basis, individuell auf ihren jeweiligen Gegenüber zugeschnitten, ihr Gespräch. Bisher jedoch sind in solche CMS-Projekte, aber auch in Web 2.0 -Projekte meist nur Führungskräfte und Mitarbeiter aus IT- und Marketing-Abteilungen involviert. Was halten Sie davon, hier umzudenken?

Und schon sind wir beim Stichwort Struktur angelangt.

Strukturierung

Was sollte Ihr Gegenüber erfahren und *wie* gewinnen Sie sein Interesse an dem, was Sie übermitteln wollen? Ist Ihre Information mit Sorgfalt zusammengestellt und so strukturiert, dass Ihr Empfänger in der Lage ist, sie als auch Ihren Standpunkt zu verstehen?

Aristoteles nannte dies „Stoffgliederung". Wir könnten das nennen: „Kenne deine Zielgruppe" oder „Berücksichtige, mit wem du kommunizierst" und setze das sprachlich um. Typisch für das Web 2.0 ist eine zunehmende Individualisierung.

Prüfen Sie selbstkritisch die oben genannten Fragen. Spürt der Leser Ihre Sorgfalt? Oder gelangt er zu dem Schluss, hier hat jemand drauflosgeschrieben und zu wenig berücksichtigt,

- wie lange es die Leser kostet, den Text zu lesen,
- wie Missverständnissen vorzubeugen ist,
- wie vermieden wird, Personen anzugreifen statt unhaltbare Zustände,
- welche Konsequenzen sich daraus ergeben.

Gerade bei komplexen Sachverhalten kann es schwierig werden, diese verständlich zu strukturieren. Das trifft auch zu, wenn es darum geht, sich über Konzepte oder Ideen in der Gruppe auszutauschen.

Stil

Hier geht es darum, sowohl die Information logisch darzustellen als auch beim Empfänger die Motivation aufzubauen, diese (gern und bis zum Ende) zu lesen. Ihre Botschaft sprachlich ansprechend auszudrücken ist genauso wichtig wie der Inhalt selbst, der in Ihrer Botschaft steckt. Aristoteles nannte dies „Darstellung". Heute würden wir sagen: „Zu wissen, wie man es rüberbringt."

Erst denken sie nicht, und dann drücken sie es schlecht aus.
Kurt Tucholsky

Der Unterschied
zwischen dem richtigen Wort und dem beinahe richtigen
ist derselbe
wie zwischen einem Blitz und einem Glühwürmchen.
Mark Twain

Lesen am Bildschirm ist schwerer als auf dem Papier. Daher: Weniger ist mehr!

▶ Kommen Sie zügig auf den Punkt.

▶ Formulieren Sie kurz und prägnant.

▶ Bedenken Sie im Textverlauf: Ein schlechter Stil verrät die Trägheit des Schreibers beim Denken.

▶ Verwenden Sie einen flüssigen, leicht lesbaren Schreibstil.

▶ Bevorzugen Sie kurze Sätze (weniger als zehn Wörter).

▶ Nutzen Sie eine für den Empfänger verständliche Ausdrucksweise und Terminologie. Vorsicht bei Abkürzungen und Fremdwörtern.

▶ Gliedern und ordnen Sie Zahlen und Daten, auch optisch.

▶ Prüfen Sie, inwieweit Absätze das Lesen erleichtern.

Prüfen Sie auch kritisch den „Tonfall" Ihres Beitrages. Ist er angemessen?

Ausführung

Bei Aristoteles hieß dieser Abschnitt „Vortragsweise". Hierbei geht es darum, alle verfügbaren Elemente zu nutzen, um die Information dem Publikum bzw. dem Empfänger effizient zu vermitteln. Das können im Fall der freien Rede Tonfall, Lautstärke und Körpersprache sein. Agieren Sie im Web 2.0 mit Ton und Bild (Mikro, Kamera), gilt das analog. Fehlen Bild und Ton im Blog oder Webforum, wird es umso anspruchsvoller. Schließlich fehlen diese sogenannten nonverbalen Signale.

Ein Vergleich des Web 2.0 als noch junger Kommunikationsplattform mit der klassischen freien Rede lässt ein neues Muster erkennbar werden. Mag es auch möglich sein, einen Beitrag schnell über die Tasten einzugeben oder vor laufender Kamera zu drehen, die gewünschte Wirkung zu erzielen impliziert – und das ist sehr wichtig – die Schaffung eines gegenseitigen Verständnisses, von Monitor zu Monitor.

Wer gewohnt ist, vor Publikum zu sprechen, weiß, welch wertvolle Orientierungshilfe die aktuelle Reaktion des Publikums für den Redner oder Vortragenden darstellt. Spricht dieselbe Person dagegen allein vor einer laufenden Kamera, fehlen diese Signale. Das kann zu Irritationen führen, zunächst beim Vortragenden selbst, später bei denjenigen, die das Video ansehen und diese Unsicherheit des Vortragenden spüren. Prüfen Sie daher im Vorfeld, was zu tun ist, um zu vermeiden, Ihre Zielgruppe zu enttäuschen, und trainieren Sie bei Bedarf.

Präsentationen, die daran scheitern, den „richtigen Draht" zum Publikum zu finden, fallen schnell unangenehm auf. In gleicher Weise handelt es sich beim Webinar um eine andere „Gattung" als beim „Vor-Ort-Seminar".

Was die Sache jedoch noch interessanter macht, ist die Frequenz, mit der sowohl starke als auch schwache Kommunikatoren für andere, seien es Auftraggeber, Geschäftspartner, Mitarbeiter oder Kollegen, Kommilitonen, Mitschüler und so weiter sichtbar werden. Schließlich schreiben die meisten von uns weit mehr online, als sie eine freie Rede halten. Um es mit Aristoteles auszudrücken: Wir sind das, was wir wiederholt tun.

Zusammenfassung

Die Rhetorik stellt eine von über 140 Schriften des Aristoteles dar. Das Werk verlangt dem Redner Kenntnisse in Dialektik und Psychologie sowie moralische Integrität ab. Vollendete Rhetorik ist danach gekennzeichnet durch:

▶ den Sachverstand über das behandelte Thema,

▶ die Glaubwürdigkeit des Redners sowie

▶ das Wohlwollen des Zuhörers.

Zweifellos sind dies auch Merkmale, die Beiträgen in Foren gut tun und das Forum insgesamt aufwerten. Wer an dieser Stelle eigene Lücken entdeckt, dem sei Mut gemacht. Schließlich ist diese kritische Analyse eine gute Basis, um Veränderungen einzuleiten. Mit den oben genannten Kriterien haben Sie ein definiertes Ziel. Also starten Sie! Und um auch mit Aristoteles abzuschließen: Der Anfang ist die Hälfte des Ganzen.

5. Web 2.0: Ihre Zieldefinition

Dem weht kein Wind, der keinen Hafen hat, nach dem er segelt.
Michel de Montaigne (1533–1592)

Im Idealfall steht am Anfang eine Social-Media-Strategie:

▶ Die Verantwortlichen definieren Ziele.

▶ Sie verständigen sich über Sinn und Zweck des Engagements.

▶ Sie analysieren Potenzial(e): Es wird geprüft, inwieweit einzelne Zielgruppen über virtuelle soziale Netzwerke erreichbar sind und wenn ja, über welche Kommunikationskanäle dies optimal geschehen kann.

▶ Sie planen Ressourcen, definieren Verantwortlichkeiten und benennen Ansprechpartner.

▶ Sie prüfen, inwieweit die bestehende Unternehmenskultur den neuen Anforderungen genügt oder welche Veränderungen sowohl hier als auch auf anderen Gebieten erforderlich sind. Zunehmende Transparenz und Individualisierung sind zwei Schlüsselfaktoren.

Der Langsamste, der sein Ziel nicht aus den Augen verliert, geht immer noch geschwinder, als der ohne Ziel umherirrt.
Gotthold Ephraim Lessing

Es gibt viel Literatur und es existieren eine Reihe von Modellen und Empfehlungen zum Thema Zielsetzung. An dieser Stelle werden drei Bausteine vorgeschlagen, die sich praktisch bewährt haben:

1. Die Absicht oder der Zweck

Welches ist die grundsätzliche Richtung, in die Sie sich bewegen? Hieraus geht hervor, zu welchem Zweck Sie aktiv werden. Sie ist breiter angelegt als das Ziel. Bewertende Worte (maximieren, optimieren, effizient, effektiv und so weiter) und Sätze zu verwenden, ist daher völlig in Ordnung. Diese in der konkreten Zielstellung zu verwenden dagegen wäre unangebracht.

Welches können aktuell typische Absichten für Aktivitäten in virtuellen sozialen Netzwerken sein? Hier einige Beispiele:

▶ Auf seinen eigenen, guten Ruf achten (auch Monitoring genannt)

▶ Sich neu positionieren

▶ Die eigene Servicequalität gegenüber bestehenden Auftraggebern erhöhen

▶ In Kontakt bleiben, statt aus den Augen, aus dem Sinn

▶ Die innerbetriebliche Kommunikation optimieren

▶ Wissensmanagement

▶ Marketing und Vertrieb (Betreuung bestehender Auftraggeber und Gewinnung neuer)

▶ Marktforschung

▶ Personalsuche und -recruiting

▶ Bürgerliches Engagement

▶ Eine Mission verfolgen

▶ Sicherheit erhöhen: Sicherheitslücken prüfen, erkennen, schließen und ihnen vorbeugen

▶ Eine Plattform für neue Ideen schaffen

▶ Eine Plattform schaffen, auf der sich Nutzer bestimmter Produkte oder Dienstleistungen über ihre Erfahrungen mit diesen Produkten und Dienstleistungen austauschen.

Lassen Sie mich den Zweck am Beispiel Marketing und Vertrieb näher erläutern. Gerade auf diesem Gebiet sorgten in den vergangenen zwei bis drei Jahren voreilige Euphorien und das Heraufbeschwören eines neuen Hype im Online-Marketing und im Internet für viel Verwirrung.

Dem stehen nur wenige praktisch überzeugende Publikationen gegenüber wie ein Artikel „Web 2.0's ‚fool's gold' glitter" von Dwain Jeworski, den ich in meine Ausführungen miteinbeziehe.

Zur Theorie, die oft zur Argumentation herangezogen wurde:

— Je mehr Sie im Web 2.0 agieren, je bekannter werden Sie, Ihr Unternehmen und Ihre Marke.
— Je mehr Links von populären Webseiten auf sie linken, je besser (weiter vorn) werden Sie in Suchmaschinen gelistet.
— Das führt zu steigenden Besuchszahlen auf Ihrer Webseite. Diese Steigerungen wurden unter Verwendung möglichst vieler Superlative rosarot ausgemalt.

Nehmen wir die marktschreierischen Superlative weg, entsprechen die benannten Fakten der Wahrheit. *Aber:* Was in all der Euphorie meist unerwähnt blieb, war zunächst der Zeitaufwand, der dafür aufzubringen ist. Darüber hinaus ist die Frage zu beantworten, welcher Art der zunehmende Besucherstrom ist und inwieweit er für Ihr Geschäft relevant ist.

Lassen Sie uns hinterfragen, mit welchem Motiv Agierende im Web 2.0 unterwegs sind. Es sind vorrangig Personen, die Zerstreuung und Unterhaltung suchen. Sie suchen online soziale Kontakte und Freunde. Sie sehen sich unterhaltsame Videos an, spielen oder lesen für sie interessante Informationen. Mit anderen Worten: Sie suchen primär nach Spass und weit weniger danach, etwas zu kaufen. Wenn Sie also in ein virtuelles soziales Netzwerk gehen, ist das eine vergleichbare Situation, als wenn Sie auf eine Party oder auf einen Empfang gehen. Was passiert dort, wenn Sie, statt sich in den Small Talk einzubringen, damit anfangen, von Ihrem Produkt zu schwärmen? Werden Ihre Gesprächspartner Ihnen ihre Visitenkarten in die Hand drücken und Bestellungen auslösen? Wohl kaum. Wollen Sie also über das Web 2.0 eine Triebkraft für Geschäftskontakte und Ihren Vertrieb aufbauen, gilt es, *viel* Zeit dafür zu investieren. Prüfen Sie zunächst, inwieweit die Plattform Ihre Zielgruppe(n) anzieht und repräsentiert. Beobachten Sie weiterhin die Art und Weise, wie auf der jeweiligen Plattform miteinander umgegangen wird. Passen Sie Ihr Verhalten diesen Umgangsformen an. Bauen Sie Vertrauen auf. Bieten Sie hochwertige Informationen, wertvollen Rat und nützliche Praxistipps kostenlos an. Gewinnen Sie auf diese Weise Aufmerksamkeit, Wertschätzung und Vertrauen. Erst, wenn andere Sie danach fragen, beginnen Sie, über Ihr Geschäft, Ihre Produkte oder Ihre Dienstleistung zu berichten. Es geht im Web 2.0 zunächst also primär um den Aufbau von Beziehungen und *keinesfalls* um Akquise. Letzeres käme einem „mit der Tür ins Haus fallen" gleich.

Nehmen wir den positiven Fall an, Sie haben die beschriebenen Hürden gut gemeistert. Sie haben Interessenten gewonnen, die Ihre Webseite besuchen. Vermeiden Sie es nun, diese Besucher mit Ihrer Webseite zu enttäuschen. Dann war aller Aufwand umsonst. Im schlimmsten Fall sogar kann ihr Ruf oder Image leiden und es wäre besser gewesen, niemals im Web 2.0 aktiv gewesen zu sein. Gehen wir von dem positiven Fall aus, dass Ihre Webseite die über das Web 2.0 neu gewonnenen Besucher anspricht. Fragen wir uns nun: Mit welchem Motiv kommen diese Besucher? Um etwas zu kaufen? Wohl kaum. Sie kommen primär aus Neugierde. Sie möchten mehr erfahren über Sie und Ihr Unternehmen. Das bedeutet jedoch, dass diese neu gewonnenen Besucher aus dem Web 2.0 dazu beitragen werden, dass Ihre Konversionsrate, das ist die Kennzahl, die ausdrückt wieviel Prozent der Besucher Ihrer Webseite zu Kunden werden, zunächst sinkt. Oder: Falls Sie ohnehin über keine nennenswerte Konversionsrate verfügen, wird diese, trotz zusätzlicher Besucher, niedrig bleiben.

Folgt daraus der Schluss, Social-Media-Marketing ist die Zeit und Aufmerksamkeit nicht wert? Das hängt von Ihnen und Ihrem Unternehmen ab. Sind Sie gut im Geschäft, betreiben zum Beispiel einen Online-Shop, dessen hohe Konversionsrate Sie mit Stolz erfüllt, dann stehen die Chancen, über zusätzliche Besucher neue Auftraggeber zu generieren gut. Was Sie dabei im Auge behalten sollten, sind Spielregeln (Policy) für die Online-Kommunikation Ihrer Mitarbeiter. Ihnen, so zeigt die Erfahrung, unterlaufen im oft hektischen Alltag fahrlässig Kommunikationsfehler, sei es im Web 2.0 oder in der elektronischen Geschäftspost. Hier kann das „schwächste Kettenglied" zu schmerzhaften Erfahrungen führen, die Sie sich besser ersparen. Ist dagegen die Tinte auf dem Papier mit Ihrem Businessplan noch kaum getrocknet oder Ihr Geschäftsmodell noch vage oder haben eine Webseite mit vernachlässigbarer Konversion, gibt es alternative Online-Marketing-Werkzeuge, die Ihnen in vergleichbarer Zeit mehr Effekte und letztlich mehr Geschäfte generieren.

Prüfen Sie diese Aspekte sorgfältig. Spätestens bei der Präsentation Ihrer Idee vor Entscheidern gefährden sonst berechtigte Einwände, dass Ihr Projekt Wirklichkeit wird. Oder aber, und das ist noch schlimmer, Sie überzeugen andere von Ihrer Idee, setzen diese dann aber, inklusive Zeit, Geld und Vertrauen, das man Ihnen schenkte, in den Sand.

Was zeichnet eine gelungene Formulierung aus?

▶ Sie sollte einfach und verständlich sein.
  Jedem einzelnen Beteiligten ist klar, worum es geht.

▶ Sie ist präzise und auf den Punkt formuliert. Für sie ist auf einem Bier-
deckel genügend Platz. Sie kann jedem in einer bis maximal drei Minuten
verständlich vermittelt werden.

▶ Sie eignet sich als Leitfaden, um auf dieser Basis sowohl erste Entwür-
fe und Entscheidungen abzuleiten als auch eine konkrete Schrittfolge zum
Handeln – dies in einer immer komplexer werdenden und sich immer
schneller verändernden Umgebung, in der diejenigen Vorsprung erlangen,
die es beherrschen, mit Unschärfe und Mehrdeutigkeiten umzugehen.

▶ Sie ist motivierend und lädt andere dazu ein, sich engagiert einzubringen
und Ergebnisse zu erzielen.

▶ Sie basiert einerseits auf einem starken Zusammenhalt und andererseits auf
gemeinschaftlich anerkannten Werten im Unternehmen.

▶ Sie hat Bestand, um das Unternehmen durch gute, aber auch durch raue
Zeiten zu steuern. Verändert sie sich, wird das unweigerlich auch die Richtung, in die sich das Unternehmen bewegt, signifikant verändern.

2. Die Zielformulierung

Ein Mensch, der sich ernsthaft ein Ziel gesetzt hat, wird es auch erreichen.
Benjamin Disraeli (1804–1881)

Lassen Sie uns an dieser Stelle wesentliche Aspekte, Ziele zu definieren, in Erinnerung rufen. Eine gute Zielformulierung ist präzise, kurz und auf den Punkt,
dennoch einleuchtend und leicht verständlich. Schließlich kann dies bereits
über Erfolg oder Misserfolg entscheiden. Überlegen Sie auch, welche Konsequenzen sich aus dem Erreichen der Zielstellung ergeben könnten. Hand aufs
Herz: Sind diese von Ihnen gewollt?

▶ Achten Sie auf eine angemessene/sinnvolle Größenordnung. Das bedeutet:
- Das Ziel sollte mit der Philosophie des Unternehmens in Einklang stehen.
- Ist es zu klein, besteht die Gefahr, dass es Sie und die Beteiligten zu wenig anspornt.
- Oder: Sie lassen dem Ziel zu wenig Priorität/Bedeutung zukommen.
- Ihr Ziel sollte außerhalb der Behaglichkeitszone liegen.
- Ist es zu groß, besteht die Gefahr, dass es unerreichbar ist oder erscheint. Eine mögliche Folge: Sie sind entmutigt oder ungenügend motiviert. Zudem ist die – Veränderungsgeschwindigkeit im Internet extrem hoch. Anpassungen an diese Veränderungen sind langfristig, wenn überhaupt, schwer zu überblicken. Wenn das Ziel zu groß ist zerlegen Sie es in Teilziele.

▶ Formulieren Sie Ziele
- so konkret wie möglich (Was genau wird bis wann erreicht?),
- einleuchtend,
- klar und überzeugend,
- motivierend, beflügelnd, anspornend, ermutigend.

▶ Sorgen Sie für ein messbares Ziel.
Das versetzt Sie in die Lage, Ihre Zielerreichung zu verfolgen und zu steuern. Die Zielgerade ist erkennbar. Alle Kriterien liegen fest, um (objektiv) beurteilen zu können, wann die Zielgerade erreicht wird. Wie kann das aussehen?
- Welches Problem drängt aktuell auf eine Lösung?
- Welche konkrete Wertschöpfung wird erreicht? Vorsicht! Falls Sie scheitern, diese Frage überzeugend zu beantworten, überdenken Sie Ihr Engagement im Web 2.0 erneut. Ist es eventuell besser, Ihre Zeit sinnvoller zu investieren? Schließlich: Zeit ist Geld.
- Wie wollen Sie managen, was Sie nicht messen? Diese Erkenntnis haben wir noch frisch im Gedächtnis aus der Zeit des Web 1.0 Erinnern Sie sich noch daran, als Log-Files und Studien zur Nutzerfreundlichkeit eingeführt wurden? Vorher war mitunter euphorisch in manch teure Webseite

und in trendige Online-Shops investiert worden, die sich mitunter deshalb als Flop erwiesen, weil die Besucher die Navigation missverstanden oder als unangenehm empfanden. Sie reagierten prompt: Alternativen waren schließlich nur einen Mausklick entfernt. Heute erarbeiten wir dynamische Webseiten, die sich abhängig vom jeweiligen Besucherverhalten aufbauen. In Kapitel 4 habe ich sie erwähnt. Wie soll deren Treffsicherheit ohne quantifizierbare Parameter analysiert und optimiert werden? Objektiv messbare Ziele sind daher keine Option, sondern obligatorisch.

Welches sind aktuelle Parameter und Metriken, die von Experten empfohlen werden? Katie Delahay Paine[37] plädiert für folgende:

- Einfluss: Damit ist die Kraft oder Fähigkeit gemeint, die Handlung eines anderen zu beeinflussen.
- Engagement: Jedes Agieren jenseits der Ruheposition.
- Fürsprache: Weiterempfehlungen, virales oder Empfehlungsmarketing.
- Stimmung: Kontextabhängige Meinungsäußerung.
- ROI (Return on Investment): Über die Investition erreichte Wertschöpfung.

Das können sein:

- Kosteneinsparung: Kosten des Programms abzüglich eleminierter Kosten
- Gesteigerte Effizienz: Kosten des Programms abzüglich der Kosten, die bisher entstanden, als die Abläufe „auf althergebrachte" Weise erfolgten, und die jetzt aufgrund unnötiger Prozessstufen wegfallen.
- Renditesteigerung: Kosten des Programms abzüglich der durch neue Auftraggeber erreichten Wertschöpfung und/oder neu generierter Gewinne.

Engagement in virtuellen sozialen Netzwerken kann

- Einnahmen, Umsätze und Gewinn steigern: Verkäufe können angekurbelt oder forciert, Marktanteile gewonnen, Übernahmen beschleunigt werden.
- die Effizienz steigern: Es gelingt noch besser, auf die Zielgruppe zu fokussieren und sie punktgenau zu erreichen. Die Reichweite einer Nachricht wächst signifikant, dies bei fallenden Kosten.
- Kosten für Krisenkommunikation reduzieren. Indem der Ruf des Unternehmens kontinuierlich geprüft wird, die Qualitätsbewertungen der Anwender

ernst genommen werden und darauf angemessen reagiert wird, hilft das, schwerwiegenden Unternehmenskrisen vorzubeugen.

Als veraltet in Sachen Metrik gelten dagegen inzwischen[37]:
- Die Besucheranzahl,
- HITS oder Klicks (How Idiots Track Success = Wie Idioten Erfolg bewerten),
- Anzahl von Followern bei Twitter (Personen, die einem folgen),
- Anzahl von Freunden bei Facebook oder von Personen im Xing-Netzwerk.

Fleiß für die falschen Ziele ist noch schädlicher als Faulheit für die richtigen.
Peter Bamm (1897–1975)

Zum Zielfindungsprozess gehört es genauso, eine klare Vorstellung von der Zielgeraden (dem Endzustand) einerseits als auch andererseits von Verkettungen und Weggabelungen auf der Route dorthin zu haben. Das bedeutet, dass Ziele hierarchisch angeordnet sind. Zwischenziele (auf niedrigerem Niveau) werden benötigt, um große Ziele (auf höherem Niveau) erreichen zu können.

3. Handlungsplan

Wie wollen Sie dorthin gelangen? Welche Schritte sind zu gehen?

Während Sie Ihre Absicht und das konkrete Ziel formulieren, schwirren dabei wahrscheinlich eine Fülle von, zunächst noch ungeordneten, Ideen und Fragen durch Ihren Kopf. Schaffen wir ein Forum oder Lösungen für die Kommunikation innerhalb des Unternehmens oder solche, auf denen sich unsere bestehenden und potenziellen Kunden äußern? Im letztgenannten Fall sind auch Fragen zum Online-Recht zu beantworten wie

▶ Welche persönlichen Daten sollten und dürfen wir abfordern?

▶ Inwieweit sollten wir diese Daten prüfen?

▶ Wie lange dürfen wir die Daten speichern, nachdem Nutzer das Forum verlassen haben?

▶ Ist es unsere Pflicht, das Forum inhaltlich zu überprüfen und „sauber" zu halten. Wie oft sollte das geschehen?

▶ Wie gehen wir vor, wenn Forumsbeiträge rechtswidrig sind?

▶ Inwieweit sind wir Dritten gegenüber auskunftspflichtig, zum Beispiel Anwälten, der Polizei und Staatsanwaltschaft gegenüber?

Andere Fragen können zum Beispiel sein: Sollen wir bloggen, twittern oder bei Xing ein Firmenprofil anlegen? Was die Kommunikation nach außen betrifft, kann Ihre Zielgruppe Ihnen darauf die besten Antworten geben. Sehen Sie daher davon ab, interne Meinungen „aus dem Hause" überzubewerten. Fragen Sie sich:

1. Was, und das bedeutet welche Inhalte, ist ihr (der Zielgruppe) jeweils wichtig?

2. Wie gelangen sie an benötigte Inhalte und Informationen? Woher beziehen sie diese?

Was halten Sie davon, für Antworten auf die obigen Fragen eins und zwei, zunächst als „aktiver Zuhörer" statt sofort als „Sender" in virtuelle soziale Netzwerke zu gehen? Sie erfahren auf diesem Weg, welche Themen wen bewegen und weshalb. Was aber genauso wichtig ist, sind die folgenden Fragen:

3. Was genau soll unsere jeweilige Zielgruppe von uns im Web 2.0 erfahren? Welches ist unsere Botschaft an sie?

4. Wie gelingt uns eine gute Sichtbarkeit?

Das war schon im Web 1.0 wichtig. Hier wurden Webseiten für Suchmaschinen optimiert, um es Suchenden leicht(er) zu machen, die Unternehmens-Webseite zu finden. Inzwischen hat einerseits die Reiz- und Informationsüberflutung zugenommen. Andererseits fällt es vielen im Web 2.0 erfahrenen und aktiven Personen schwer, sich in die Position ihrer Zielgruppe, die oft weit weniger Erfahrung in virtuellen sozialen Netzwerken hat und sich mit den unzähligen englischsprachigen Begriffen, häufig auch Kunstbegriffen, noch schwer tut, hineinzuversetzen. Sichtbarkeit jedoch setzt eine Kommunikation auf Augenhöhe voraus! Hier einige Tipps: Erinnern Sie sich, was Sie tun und was gut ankommt, wenn Sie zu einem Empfang oder auf eine Party gehen. Verfahren Sie analog:

▶ Seien Sie interessiert an anwesenden Personen. Bereichern Sie bestehende Gesprächsgruppen, indem Sie sich ehrlich aufgeschlossen einbringen.

▶ Bitten Sie andere um Rat.

▶ Äußern Sie sich angemessen: Fokussieren Sie auf passende und fesselnde Inhalte.

▶ Beachten Sie das jeweilige Regelwerk der virtuellen Gemeinschaft und verhalten Sie sich entsprechend. Ähnlich wie beim Smalltalk ist es auch hier wichtig zu wissen, was zu tun und was zu lassen ist. Fettnäpfchen lauern schließlich überall.

Darüber hinaus:

▶ Kommentieren Sie Blogs; antworten Sie auf Twitter, Xing und so weiter. Unterlasssen Sie es jedoch: zu langweilen, für Ihr Produkt oder Ihre Dienstleistung zu werben oder als Narzisst aufzutreten.

5. Messen Sie Ihren Erfolg. Einigen Sie sich auf objektive Kennzahlen. Sowohl euphorische Äußerungen, wie toll soziale Netzwerke sind, als auch Warnungen vor deren Risiken existieren bereits in ausreichendem Umfang.

Halten Sie diese Ideen fest. Notieren Sie sie in Form einer Grobskizze für einen Handlungsplan. Später wird diese Auflistung unterfüttert mit Schlüsselvoraussetzungen, die für eine Zielerreichung erforderlich sind: Schritte, Schrittfolge, Meilensteine, Terminplan, benötigte Ressourcen, einzubeziehende Personen, Prämissen, Zeitbudgets und so weiter.

6. Verkaufen Sie Ihre Idee: Überzeugen Sie Entscheider

Stellen Sie sich vor, Sie haben bis hierher alles gut gemeistert. Nun geht es darum, Ihre Idee, für die Sie persönlich brennen, vor Entscheidungsträgern zu präsentieren und diese zu überzeugen. Sie wissen, vor diesem Gremium wurde schon so manche hochkarätige Idee abgeschmettert. Was also ist zu tun? Wovon sollten Sie die Finger lassen und warum?

Großartige Ideen und Projekte werden bedeutungslos, wenn Sie daran scheitern, die richtigen Leute an Bord zu holen und die erforderliche Unterstützung zu gewinnen, um diese Ideen in wirkungsvolles Handeln umzusetzen. Meist sind es Selbstverliebtheit in die eigene Idee einerseits und fehlendes rhetorisches Handwerkszeug andererseits, die sich als Hemmschuh erweisen, wenn es darum geht, Ihre Ideen und Projekte so zu präsentieren, dass Ihre Chancen, damit Erfolg zu ernten, spürbar steigen. Es ist jedoch obligatorisch, anderen sowohl den Nutzen oder die erreichbare Wertschöpfung als auch die Praktikabilität Ihres Vorschlages zu verkaufen.[16]

Welches sind typische Einwände, die vonseiten des Vorstandes, der Geschäftsführung oder weiterer, in die Entscheidung einzubeziehender, Führungskräfte vorgebracht werden können? Und: Wie bereiten Sie sich darauf vor?

▶ Wozu sollen wir uns denn äußern?
   Fehlt zunächst die Idee für ein zündendes Thema, dann beobachten Sie zuerst, welches Themen sind, die Ihrer Zielgruppe aktuell unter den Nägeln

brennen. Hören Sie in persönlichen Gesprächen aktiv zu. Tun Sie dies auch im Web 2.0 Seien Sie zunächst der stille Beobachter.

▶ Ich bin unsicher, was ich da erfahre. Was, wenn es negativ ausfällt? Führen Sie die Folgen Ihres Handelns klar vor Augen: Auch wenn Sie sich taub stellen, andere, seien es potenzielle Auftraggeber oder auch Mitbewerber, erlangen dennoch Kenntnis von Ihren Schwächen oder auch Fehlern, die im Alltag auftraten.

▶ Wir wissen noch gut, was bei der E-Mail passierte: Auch hier befürchten wir eine Flut von unaufgefordert versendeter Werbung (Spam), Phishing und Ähnlichem. Und wie steht es in Sachen Datenschutz? Sehen Sie bitte unbedingt davon ab, diesen Einwand zügig „vom Tisch zu fegen". Spätestens der Rummel um die Enthüllungsplattform Wikileaks hat deutlich gemacht, dass es sich tatsächlich um ein ernst zu nehmendes Thema handelt. Abhängig von der jeweiligen Branche, Zielgruppe, vom Produkt und vom Unternehmen sind individuelle Lösungen gefragt. Erarbeiten Sie diese fundiert.

▶ Woher sollen die Ressourcen kommen? Uns fehlt doch schon jetzt ausreichend Zeit.
  - Belegen Sie Zeiteinsparungen. Womit hören Sie auf? Wo erfolgen Einsparungen, wenn Kommunikation in Teilen virtuell substituiert wird?
  - Belegen Sie quantitativ die erreichbare Wertschöpfung. (Vergleiche dazu Kapitel 5, Abschnitt Zielsetzung: ROI)
  - Verdeutlichen Sie, dass ein Wandel im Unternehmen erforderlich sein wird und wie dieser aus Ihrer Sicht aussieht. Das betrifft zum Beispiel eine erhöhte Transparenz. Überzeugen Sie als Führungskraft mit fundierten Fertigkeiten im Veränderungsmanagement.

Fakt ist und bleibt: Einfach nur mitmachen, weil andere es auch tun oder weil es im Trend liegt, wirkt zu wenig überzeugend.

7. Gruppenintelligenz nutzen

Erst wenn Sie die bisherigen Hürden erfolgreich genommen haben, sind die Voraussetzungen geschaffen, um Ihre Pläne in die Tat umzusetzen.

Lassen Sie uns nun den Fokus auf zwei wichtige Säulen richten:

▶ Wie gelingt es Ihnen, eine Umgebung des Vertrauens zu schaffen? Und:

▶ Wie gelingt es Ihnen, den virtuellen Gedankenaustausch zielführend zu moderieren?

Diese beiden Säulen sind mindestens genauso wichtig, um einem sozialen Netzwerk Sinn und Tragfähigkeit zu verleihen, wie eine funktionierende IT-Infrastruktur. Um zu erreichen, dass die sogenannte Gruppen- oder Schwarmintelligenz genutzt wird,

▶ um kritikwürdige Zustände zum Besseren zu verändern, statt es dabei bewenden zu lassen, dass Gruppendynamik primär als Verstärkerfunktion von Kritik wirkt, und um

▶ neue Ideen sprudeln zu lassen, die bis hin zu Innnovationen führen können,

sind Führungskompetenz und Moderationsgeschick des Community-Managers gefragt. Der Wirtschaftsjournalist James Surowiecki[51] untersuchte, inwieweit Gruppen klüger sind als Einzelne. Selbst wenn sich zahlreiche Beispiele kollektiven Scheiterns aufführen lassen, in seinem Buch „Die Weisheit der Vielen" belegt er, dass richtig zusammengestellte und nach den richtigen Entscheidungsregeln handelnde Gruppen in der Regel bessere Erfolgsvoraussetzungen haben als Individuen. Er zeigt, dass die oft so verschmähte „Masse" unabhängig voneinander agierender Einzelner bessere Problemlösungen produziert als individuelle Entscheider, wenn sie darauf vertrauen kann, dass ihr Wort tatsächlich etwas zählt.

Dafür führt der Autor Belege aus sämtlichen Gesellschaftsbereichen an. Da geht es um die Schätzung des Gewichts eines Ochsen, um die Suche nach einem vermissten U-Boot oder die Isolierung des Sars-Erregers. Er verweist darauf, dass in der Fernsehshow „Wer wird Millionär" die individuellen „Telefonjoker" zu 65 Prozent die richtige Antwort parat haben, der Publikumsjoker aber in 91 Prozent der Fälle. Seit Langem weisen wissenschaftliche Untersuchungen in diese Richtung: Der Soziologin Kate H. Gordon ließ in einem Versuch rund 200 Studenten Objekte nach ihrem Gewicht ordnen. Die Gruppenschätzung erwies sich als zu 94 Prozent richtig und, abgesehen von wenigen Ausnahmen, besser als jede der individuellen Schätzungen. In einem anderen Versuch bestand die Aufgabe darin, zehn Häufchen grober, auf einem weißen Karton aufgeklebter Schrotkörner, die sich in ihrer Größe nur geringfügig unterschieden, der Größe nach zu ordnen. Auch hier erreichte die Genauigkeit der Gruppenschätzung 94,5 Prozent.

Experten sind mitunter zu sehr von sich selbst überzeugt. Es ist ihnen unmöglich, auf alle Fragen eine Antwort zu geben. Häufig widersprechen sie einander. Gruppen bringen mehr Ideen und Informationen ein, ermöglichen Perspektivwechsel und kritisches Hinterfragen. So treffen sie deshalb oft die besseren Entscheidungen. Allerdings gibt es auch Nachteile in Gruppen. Es lauern Risiken, die die Qualität von Gruppenentscheidungen beeinträchtigen können. Darauf geht Siglinde Purrer[39] in ihrem Buch „Phänomene bei Gruppenentscheidungen" ein. Umso wichtiger wird die Rolle des Moderators im virtuellen Forum.

Die Menge entscheidet also in der Regel intelligenter und effizienter als der klügste Einzelne in ihren Reihen. Ihre Problemlösungen greifen besser als die von Experten. Das setzt jedoch voraus,

▶ dass jeder Einzelne unabhängig denkt und handelt,

▶ die Gruppe groß und vielfältig ist und

▶ sie darauf vertrauen kann, dass ihre Meinung wirklich zählt.

Hierfür trägt in erster Linie der Moderator des Forums die Verantwortung, indem er entsprechende Rahmenbedingungen für den Gedankenaustausch vorgibt. So liegt es in seiner Hand, festzulegen und die Beteiligten darüber zu informieren, welche Kommunikationsform gewählt wurde:

▶ Wird im virtuellen Forum gebloggt, diskutiert, ein Dialog geführt oder eine Debatte? (Oder: Soll (etwa) ein weiteres „Laber"-Forum entstehen oder ein virtueller Müllhaufen, auf dem man sich mit anderen trifft, um verbal um sich zu schlagen, Frust loszuwerden und Dampf abzulassen?)

▶ Geht es auf der jeweiligen Plattform um ein Brainstorming?

▶ Wird Mind-Mapping oder Edward de Bonos Sechs-Hüte-Denken als Werkzeug eingesetzt?

▶ Geht es um eine Wiki-analoge Wissensplattform?

▶ Tauschen sich Nutzer von Produkten und Dienstleistungen über ihre Anwendererfahrungen aus?

Ein typisches Beispiel hierfür und eine der bekanntesten Plattformen ist Wikipedia.

Aber auch immer mehr Unternehmen ersetzen bisherige Arbeitsabläufe durch Wikis, Blogs und virtuelle Teams. So werden Projekte mithilfe webbasierter Software, wie Blogs, Wikis und Chats koordiniert, im Unternehmen verfügbares Wissen gemanagt und die innerbetriebliche Kommunikation optimiert. Die Herausforderung, damit dies gelingt, ist meist weniger technischer Natur als eine Frage, wie gelingt der erforderliche Wandel in der Unternehmenskultur. Hierarchische Strukturen werden verdrängt durch autonome Selbststeuerung. Das gilt insbesondere dann, wenn es darum geht, neue Ideen zu generieren. Das trifft weniger zu, wenn es darum geht, die Idee praktisch in eine Innovation umzusetzen. Wissen bedeutet keine Macht mehr, sondern wird geteilt.

Mit zunehmender Verwendung von sozialer Software entstehen Kommunikationsformen, durch die sich bestehende Haltungen im Umgang mit Macht als immer weniger erfolgreich erweisen werden.
Peter Kruse, Internetexperte

Vorsprung durch „Herrschaftswissen" gehört der Vergangenheit an. Für Mitarbeiter bedeutet das, mehr Verantwortung zu übernehmen. Vielen fällt das Umdenken und der offene Umgang miteinander schwer. Sieht der eine das Risiko, entweder etwas Unpassendes zu äußern oder etwas Richtiges unpassend darzustellen und unangenehm aufzufallen, befürchtet der andere, dass seine Äußerungen in die Leistungsbewertung einfließen könnten. Fakt ist: Kommunikative Fertigkeiten, insbesondere in der schriftlichen Kommunikation sind gefragter als in bisherigen Arbeitsabläufen. Das Gespräch von Angesicht zu Angesicht wird dennoch sehr wichtig bleiben. Der virtuelle Gedankenaustausch stellt aber in unserem schnelllebigen Arbeitsalltag eine wertvolle Ergänzung dar.

Ein Regelwerk für die jeweilige virtuelle Plattform hilft Nutzern zu erkennen, welche Umgangsformen gewünscht sind und welche Fettnäpfchen oder auch Verstöße zu meiden sind. Dazu können gehören:

▶ Höflichkeit und Respekt

▶ Interna und vertrauliche Informationen sind im Internet fehl am Platz.

▶ Sich zu erkennen geben und für sich persönlich äußern: Anonymität meiden.

▶ Nutzen bieten (statt „Blablabla").

▶ Das „Langzeitgedächtnis" des Internets berücksichtigen.

▶ Rechtskonform agieren.

▶ Das eigene und das Zeitmanagement anderer im Blick behalten.

Liegen die Kommunikationsform und deren jeweilige „Spielregeln" fest, sollten die Teilnehmer im Forum diese beachten und umsetzen. Da hier einiges schiefgehen kann, ist es Aufgabe des Moderators, bei Bedarf korrigierend einzugreifen. Das ist zweifellos eine herausfordernde Aufgabe, die Führungskompetenzen voraussetzt, speziell in den Bereichen Kommunikation, Gruppendynamik und Beziehungsmanagement.

8. Vertrauen

Vertrauen ist von Natur aus flüchtig. Wir alle wissen, wie sich Vertrauen anfühlt und was wir darunter verstehen. Dennoch fällt es schwer, Vertrauen begrifflich zu fassen, es klar zu definieren. Werfen wir dazu einen Blick in Webster's Dictionary:

> *Sich mit einem Gefühl großer Sicherheit*
> *auf den Charakter, die Fähigkeit, die Stärke oder Wahrhaftigkeit*
> *einer Person oder einer Angelegenheit zu verlassen.*
> Webster's Dictionary (ins Deutsche übertragen)

Die folgenden Leitlinien sollen helfen zu verstehen, was Vertrauen ausmacht.

▶ Vertrauen ist empfindlich wie ein zartes Pflänzchen. Vertrauen wird langfristig aufgebaut, aber ein einziger Moment genügt, es zu zerstören.

▶ Vertrauen erfordert Mut und macht Sie verletzlich.

▶ Vertrauen beruht auf dem, was Sie tun. Vertrauen entsteht nicht ausschließlich aufgrund von Zeugnissen oder Empfehlungsschreiben. Es entsteht primär über die Art und Weise, wie Sie Ihre Beziehungen gestalten, und auf der Basis dessen, was Sie tun.

▶ Vertrauen verdient man sich kontinuierlich. Es ist ausgeschlossen, Vertrauen per „Knopfdruck" zu erlangen.

▶ Vertrauen basiert auf Integrität und Ehrlichkeit.

Sei höflich zu allen, aber freundschaftlich mit wenigen;
und diese wenigen sollen sich bewähren, ehe du ihnen Vertrauen schenkst.
George Washington

Der Managementberater und Fachbuchautor Steven Covey[11] beschreibt Vertrauen über eine großartige Metapher: das Beziehungskonto. Jeder weiß, was ein Bankkonto ist. Hier werden Geldbeträge eingezahlt und abgehoben. Ein Beziehungskonto funktioniert analog, nur dass es um Vertrauensreserven geht. Begegnen sich Menschen erstmals, ist ihr Beziehungskonto leer. Je nachdem, ob sie beim Gegenüber Vertrauen gewinnen oder verspielen, gelangt das Konto in die schwarzen oder roten Zahlen. Treffen sich frühere Freunde wieder, die sich jahrelang aus den Augen verloren hatten, ist ihr Beziehungskonto noch genauso gut gefüllt wie bei ihrer letzten Begegnung. Das ist eine solide Basis. Darauf lässt es sich wunderbar aufbauen. „Ein gut gefülltes Beziehungskonto macht Kommunikation leicht, schnell und effektiv."[11] Daher ist jeder gut beraten, bei Personen, mit denen er häufig umgeht, auf ein möglichst gut gefülltes Beziehungskonto zu achten. Sorgfalt ist besonders gefragt bei einem „jungfräulichen" Beziehungskonto, gilt es doch, rote Zahlen zu vermeiden. Aber selbst bei größter Sorgfalt kann es im schnelllebigen Alltag passieren, dass ungewollt Abbuchungen erfolgen. Ein gut gefülltes Beziehungskonto verkraftet eine solche Abbuchung weit besser als ein nur mäßig gefülltes. In jedem Fall gilt es, die Abbuchung durch eine erneute Einzahlung möglichst rasch wieder zu kompensieren. Welches Verhalten trägt zu Einzahlungen auf das Beziehungskonto bei? Covey[11] benennt sechs Faktoren:

1.   Den anderen verstehen, ihn verstehen wollen
Er nennt es auch: „Erst verstehen, dann verstanden werden." Hand aufs Herz: Wie oft gehen wir genau anders herum an die Sache? Was also ist zu tun? Nehmen Sie die Perspektive des anderen ein. Hören Sie ihm aktiv zu. Nehmen Sie sich Zeit für den anderen. Vorsicht: Sehen Sie davon ab, folgende zwei Dinge miteinander zu verwechseln: Die Perspektive des anderen einnehmen bedeutet nicht zwangsläufig, ihm zuzustimmen. Es bedeutet lediglich, dass Sie offen und bereit sind, die Dinge aus seiner Perspektive zu betrachten und seine Sicht auf die Dinge zu verstehen.

2. Auf Kleinigkeiten achten

Wer kennt das nicht? Eine kleine Unachtsamkeit, ein falsches Wort zur falschen Zeit und schon erfolgt eine Abbuchung vom Beziehungskonto. Gehen Sie daher grundsätzlich großzügig um mit Freundlichkeit, Höflichkeit und Humor. Bedanken Sie sich lieber einmal mehr als einmal zu wenig. Wenn Sie das Gefühl haben, der andere hat mit seinem Verhalten bei Ihnen das berühmte „Fass zum Überlaufen" gebracht, sehen Sie davon ab, unkontrolliert zu explodieren. Meist setzen Sie sich damit selbst ins Unrecht. Füllen Sie gedanklich ein zweites Fass mit den Eigenschaften, Werten und Verhaltensweisen, die Sie am anderen mögen, oder mit den Handlungen, die dem anderen gut gelungen sind. Erfahrungsgemäß werden Sie eine Überaschung erleben: Das zweite Fass füllt sich zügiger, als sie es erwarten. Prüfen Sie praktisch, welche Auswirkungen es auf Sie persönlich hat und wie sich Ihre Stimmung verändert, wenn Sie den Fokus abziehen von den Defiziten und ihn stattdessen auf das Positive richten. Dann und nur dann wird es Ihnen auch spürbar besser gelingen, Kritik professionell zu äußern (vergleiche Kapitel 10 Kritik und Anerkennung) und Situationen zum Besseren zu verändern.

3. Versprechen halten

Gebrochene Versprechen führen zu den größten Abbuchungen auf dem Beziehungskonto. Genießen Sie dagegen den Ruf, dass auf Ihr Wort Verlass ist, dass man mit Ihnen „Geschäfte per Handschlag erledigen kann", dann: Herzlichen Glückwunsch!

4. Erwartungen klären

Viele Erwartungen sind implizit. Sie werden nicht ausgesprochen. Daher investieren Sie Zeit in aktives Zuhören[14] und schaffen Sie eine Atmosphäre, in der alle Beteiligten ihre Erwartungen offen auf den Tisch packen.

5. Persönliche Integrität

Das bedeutet, aufrichtig und loyal zu sein, insbesondere auch Abwesenden gegenüber.

6. Sich bei Abhebungen ehrlich entschuldigen

Wo Menschen arbeiten und miteinander kommunizieren, unterlaufen Fehler. Ehrlich dazu zu stehen und sich aufrichtig dafür zu entschuldigen, führt bereits zu einer erneuten Einzahlung auf das Beziehungskonto. Menschen sind sehr offen dafür, Fehler, für die ein anderer sich entschuldigt, zu verzeihen.

Vertrauen in Gruppen, Netzwerken und Unternehmen

Vertrauen stellt die Basis jeglicher zwischenmenschlichen Beziehungen dar. Dennoch wird dieser unverzichtbare Bestandteil zielführender Kommunikation und Teamarbeit oft dem Zufall überlassen, so als ob es eine Frage von Glück ist, den Zustand von Vertrauen zu erreichen oder nicht. Wenn es für Führungskräfte und Verantwortliche in virtuellen sozialen Netzwerken auch unmöglich ist, den Grad an Vertrauen in ihrem Netzwerk zu steuern, so ist es ihre Pflicht – und diese Fertigkeit zu besitzen, sollte für sie keine Option, sondern obligatorisch sein – Vertrauen in Beziehungen bewusst und gekonnt zu kultivieren. Das ist deshalb so wichtig, damit Abläufe möglichst reibungslos funktionieren, vermieden wird, dass der Kommunikation Sinn und Ziel verloren gehen, Konflikten und persönlichen Diffamierungen vorgebeugt wird.

In ihrem Artikel „Feinde von Vertrauen"[18] beschreiben Robert Galford und Anne Drapeau, dass eine große Lücke klafft zwischen dem Selbstbild, wie Manager ihre eigene Vertrauenswürdigkeit einschätzen, und dem Fremdbild, wie mit ihnen eng zusammenarbeitende Kollegen ihre Fähigkeit, ein Klima des Vertrauens im Unternehmen aufzubauen, einschätzen. Im Allgemeinen haben die Manager keinerlei Zweifel sowohl an ihrer persönlichen Vertrauenswürdigkeit als auch an der ihrer Kollegen. Skepsis jedoch besteht, wenn es darum geht, eine Atmosphäre von Vertrauen im Unternehmen zu schaffen. Vertrauen in einer (heterogenen) Gruppe zu generieren und zu bewahren, ist eine Herkulesaufgabe und unvergleichlich schwieriger als zwischen zwei Personen oder zwei Parteien (zum Beispiel Auftraggeber und Auftragnehmer). Vertrauen aufzubauen und zu bewahren, sei es in einem großen Team, in einer Abteilung oder in einem Unternehmen, ist eine komplexe Aufgabe und erfordert einerseits Methodik und Handwerkszeug, andererseits praktische Fertigkeiten, damit umzugehen, und das Bewusstsein dafür, wie wichtig es ist. Schließlich agiert die Führungskraft oder der Moderator in einer Umgebung, in der Hunderte, oft gegensätzliche Meinungen existieren, Ziele unterschiedlicher Gruppen aufeinanderprallen, Interessenkonflikte und Probleme irgendwo unter der Oberfläche brodeln.

Die beiden Autoren Galford and Drapeau[18] unterscheiden drei Arten von Vertrauen, die für Führungskräfte in Unternehmen gelten. Sie lassen sich aber übertragen auf Community-Manager, geht es doch auch hier darum, eine Atmosphäre des Vertrauens in einer Gruppe aufzubauen und zu bewahren:

1. **Strategisches Vertrauen**
   Das ist das Vertrauen, das Mitarbeiter in ihre Vorgesetzten haben. Dazu gehört zum Beispiel, dass die Belegschaft darauf vertraut, dass die Führungskraft aufgrund ihrer Kompetenz und Erfahrung die richtigen strategischen Entscheidungen trifft, sinnvoll mit den Ressourcen umgeht und die Ergebnisse erzielt, die das Unternehmen braucht. Lassen Sie uns das auf Führungskräfte, die virtuelle soziale Netzwerke verantworten, übertragen: Das ist das Vertrauen, das Mitglieder/Beteiligte am virtuellen sozialen Netzwerk in deren Gründer oder Moderatoren haben. Dazu gehört zum Beispiel, dass die Beteiligten darauf vertrauen, dass die Führungskraft aufgrund ihrer Kompetenz und Erfahrung die richtigen strategischen Entscheidungen trifft, sinnvoll mit den Daten, Informationen und Ressourcen umgeht und die Ergebnisse erzielt, die das Netzwerk braucht und anstrebt. Einen Alptraum für Datenschützer stellen sogenannte Check-in-Dienste wie Foursquare dar. Dabei handelt es sich um einen GPS-basierten Internetdienst, der Nutzern eine Mischung aus sozialem Netzwerk, Stadtführer, Empfehlungsportal und Spiel bietet. Sind Nutzer, meist über ihr Mobiltelefon, eingecheckt, kennen Freunde ihren Aufenthaltsort und können sich, falls sie in der Nähe sind, mit ihnen verabreden. Nutzer können einerseits Empfehlungen für Läden, Restaurants oder kulturelle Veranstaltungen aussprechen und andererseits den Empfehlungen anderer folgen. Virtueller

Bürgermeister wird derjenige, der innerhalb von 60 Tagen am häufigsten an einem Ort eincheckt. Dieser Ort kann zum Beispiel eine U- oder S-Bahn-Station sein, aber auch ein Kino oder Cafe. Dazu werden die Daten vom Betreiber gesammelt. Nutzer können ihre Statistiken auf der Foursquare-Seite abrufen. Der Anbieter verfügt quasi über alles, um ein „Bewegungs-profil" zu erstellen. Das ist der Preis im Spiel um den virtuellen Bürger-meistertitel. Warnungen vor kriminellen Machenschaften, denen damit Tür und Tor geöffnet, scheinen die 7,5 Millionen Nutzer, davon etwa 20.000 in Deutschland zu wenig abzuschrecken. Jedoch: Stiegen die Nutzerzahlen bis zum Herbst 2010 an, sollen sie inzwischen stagnieren.

2. Persönliches Vertrauen

Das ist das Vertrauen, das Mitarbeiter ihren Kollegen, unmittelbaren Vor-gesetzten und ihren Managern schenken. Inwieweit schenken sie den An-liegen oder Bedürfnissen der Mitarbeiter Aufmerksamkeit? Inwieweit han-deln sie fair? Laden sie dazu ein, sich mit eigenen Ideen einzubringen? Führen sie im Sinne und zum Vorteil des Teams und des Unternehmens? Übertragen auf Führungskräfte, die virtuelle soziale Netzwerke verantwor-ten, bedeutet das: Das ist das Vertrauen, das Mitglieder/Beteiligte anderen Mitgliedern/Beteiligten, den Moderatoren und den Managern schenken. Inwieweit schenken sie den Anliegen oder Bedürfnissen der Mitglieder/Be-teiligten Aufmerksamkeit? Inwieweit handeln sie fair? Laden sie dazu ein, sich mit eigenen Ideen einzubringen? Führen sie im Sinne und zum Vorteil des Netzwerkes und seiner Mitglieder? Ein Risiko innerhalb von Nutzern generierten Inhalten stellen gefährliche Links dar. Oft sind diese für den Laien schwer zu erkennen, insbesondere dann, wenn sie abgekürzt darge-stellt werden. Ein Klick genügt, um zunächst den bedenkenlos Klickenden Ärger zu bereiten. In der Folge leidet der Ruf der virtuellen Plattform und natürlich auch das Vertrauen in die Betreiber.

3. Unternehmerisches Vertrauen

Hier geht es darum, inwieweit Mitarbeiter ihrem Unternehmen vertrauen. Inwieweit sind Unternehmensorganisation, -strukturen und Abläufe gut durchdacht, effizient, beständig und fair? Werden vom Unternehmen gegebene Versprechen gehalten? Lassen Sie uns das auf Führungskräfte, die virtuelle soziale Netzwerke verantworten, übertragen: Hier geht es darum, inwieweit Mitglieder/Beteiligte und die Belegschaft Ihres Unternehmens „virtuelles soziales Netzwerk" diesem vertrauen. Inwieweit sind Unternehmensorganisation, -strukturen und Abläufe gut durchdacht, effizient, beständig und fair? Werden vom Unternehmen „virtuelles soziales Netzwerk" gegebene Versprechen, zum Beispiel solche zum Datenschutz, gehalten?

Die entscheidenden Bausteine von Vertrauen, so betonen Galford und Drapeau[18], sind „altmodische", preußische Tugenden wie Stetigkeit, eine transparente, verständliche Kommunikation und die Bereitschaft, auch heikle Fragen anzusprechen. Dies gilt auch im Zeitalter von Web 2.0 unverändert. Diesen Tugenden die ihnen gebührende Aufmerksamkeit zu schenken, ist ein Schlüssel für eine Atmosphäre des Vertrauens in Gruppen und Netzwerken. Der zweite Schlüssel richtet den Fokus auf Verteidigung. Es gilt, Vertrauen vor seinen Feinden zu schützen. Welche sind das? Woran erkenne ich sie? Das kann einerseits eine Person sein. Galford und Drapeau[18] erwähnen einen Abteilungsleiter, der sich abwertend über das Top-Management äußert. Ich sehe an dieser Stelle davon ab, näher auf abwertende und geringschätzende Aussagen auf virtuellen Plattformen einzugehen. Einige wurden bereits erwähnt. Ich gehe weiterhin davon aus, dass die Leser dieses Buches ganze Listen mit Beispielen für diesen Vertrauenskiller füllen können.

Es kann darüber hinaus in der Kultur liegen: Eine Kultur, die Konflikte schürt und anheizt, wirkt auf Vertrauen wie Gift. Lassen Sie mich die in Kapitel 10 erwähnte Plattform www.isharegossip.com nur als ein Beispiel nennen.

Manche Feinde von Vertrauen agieren als Heckenschützen und sind zunächst verborgen. Ein vertrauliches Vier-Augen-Gespräch, eine sehr persönliche oder private Angelegenheit wird weitererzählt, ein privates Video öffentlich publiziert und die Gerüchteküche brodelt. Als entscheidenden Faktor benennen Galford und Drapeau[18] Unstetigkeit in der Kommunikation. Das deckt sich mit den gebrochenen Versprechen, die Steven Covey[11] als die größte Abbuchung vom Vertrauenskonto herausarbeitet.

Zur Dynamik, Vertrauen aufzubauen und zu erhalten

Für einen Community-Manager, der sich der Bedeutung von Vertrauen innerhalb seines virtuellen Netzwerkes bewusst ist, stellt Unternehmens- oder Gruppenerfolg eine Seite der Medaille dar. Der Aufbau von Vertrauen ist die andere. Finden Sie im Folgenden Bausteine des Vertrauens aufgelistet:

Bausteine, um Vertrauen aufzubauen

1. **Beständigkeit**
    Nach einhelliger Meinung all derer, die über Vertrauen geforscht und geschrieben haben, ist es die Beständigkeit im Denken, in der Kommunikation und im Verhalten, was das Kriterium Nummer eins ausmacht. Die Botschaft ist eindeutig:

    ▶ Wählen Sie Ihre Ziele und Prioritäten mit Bedacht und überlegen Sie gründlich.

    ▶ Artikulieren Sie ausgewogen und prüfen Sie Ihre Botschaft auf ihre Wirkung.

    ▶ Senden Sie dieselbe klare Botschaft mehrfach aus. Nutzen Sie dazu unterschiedliche, verfügbare Kommunikationskanäle.

    ▶ Verhalten Sie sich konsistent zur Botschaft.

    Dazu ein Beispiel: Was ist von dem Begriff „Akquisemaschine Xing" zu halten? Das ist ein Buchtitel, der von Xing beworben wird und den man über Xing erwerben kann. Wenn ein soziales, berufliches Netzwerk zur Maschine mutiert, deren Ziel es ist, zu verkaufen, was ist dann vom ursprünglichen Zweck geblieben und welche Konsequenzen ergeben sich daraus für seine Nutzer?

2. **Fürsorge**

Es fällt schwer, jemandem Vertrauen zu schenken, dem unser Wohlergehen keine Herzensangelegenheit ist. In unserem fordernden und schnelllebigen Arbeitsalltag haftet schon allein dem Begriff Fürsorge etwas von „Weichei" an. Die Macht von Fürsorge jedoch ist gewaltig und zeigt sich in soliden Beziehungen, in proaktiven Mitgliedern/Beteiligten, die sich für ihr Netzwerk engagieren und sich ihm gegenüber loyal verhalten. Als Facebook im Frühjahr 2011 in der Schweiz und in anderen Ländern die sogenannte automatische Gesichtserkennung als Standardfunktion einführte, ohne im Vorfeld die Nutzer darüber in Kenntnis zu setzen, verließen viele Mitglieder die Plattform. Im Mai 2011 verlor Facebook laut eigenen Angaben bisher sechs Millionen von seinen 155 Millionen Benutzern. Besonders stark waren die Verluste in den USA und in Kanada. Was verbirgt sich hinter der automatischen Gesichtserkennung? Diese sucht auf Fotos im sozialen Netz nach Gesichtern, die denen von Mitgliedern ähnlich sehen und schlägt vor, diese mit deren Namen zu markieren. Was kann da so alles zum Vorschein kommen?

3. **Vertrauensvoll agieren**

Zu den machtvollen Eigenschaften, die mit Fürsorge einhergehen, zählen einerseits aufrichtige Anerkennung, Lob und Dankbarkeit für kompetente Arbeit und Wertschöpfung (siehe dazu auch Kapitel 10). Andererseits bedeutet es, mit Risiken, die eingegangen werden, angemessen umzugehen und Fehler bei der Arbeit auch als großartige Chance, daraus zu lernen, anzuerkennen. Indem Sie sowohl den „Machern" als auch den Mitgliedern Ihres Netzwerkes gegenüber verdeutlichen, dass Sie ihm die Fertigkeiten und die Kompetenz zutrauen, das Netzwerk mit Leben zu erfüllen, es voranzubringen und in/mit ihm Wert zu schöpfen, schaffen Sie Vertrauen.

4. **Bekenntnis und Verpflichtung zu Fairness und zu Standards**

Selbst bei kleineren Aufgaben und in kurzfristigen Projekten ist es für die Beteiligten wichtig zu erfahren, dass ihre Leistung fair gemessen und bewertet wird und angemessene Anerkennung findet.

5. Transparenz

Indem Sie anderen Menschen ehrlich mitteilen, was Sie wissen, sich anhören, welche Fragen und Anliegen sie bewegen, und darauf eingehen, ermutigen Sie sie, sich auch Ihnen gegenüber zu öffnen. Das ist ein fruchtbarer Boden, auf dem Vertrauen gedeiht. Wie aber gelingt Transparenz in virtuellen sozialen Netzwerken? Diese Frage trifft Plattformen, auf denen Nutzer anonym agieren, ganz besonders. Doch damit nicht genug: Wer kann schon sicher sein, dass ein anderer sich mit seiner wahren Identität im virtuellen Raum bewegt? Und es geht noch weiter: Wie oft werden die Daten derjenigen, die diese ehrlich und offen publizieren, zweckentfremdet genutzt. Andererseits: Wie freizügig werden persönliche Daten publiziert? Eine Studie „EU Kids Online Survey" der London School of Economics and Political Science von 2010 zeigt: Zwölf Prozent der deutschen Kinder im Alter zwischen neun und sechzehn Jahren stellen, trotz Warnungen der Eltern, ihre Adresse oder Telefonnummer ins Netz.

Allerdings: Alter schützt vor Torheit nicht. Daher hier die Geschichte eines erwachsenen Franzosen, der 2008 die Bilanz ziehen musste, zu sorglos persönliche Daten im Internet publiziert zu haben. Das französischen Magazin „Le Tigre" verfolgte das Projekt, auf der Basis von Informationen, die eine Person im Internet hinterlassen hatte, ein Porträt dieser Person zu erstellen. Um diese Person zu schützen, gaben sie ihr einen anderen Namen. Sie nannten ihn Marc L. Er hatte innerhalb von zwei Jahren 17.000 Fotos auf Flickr veröffentlicht und war auf Facebook aktiv. Diese Angaben reichten, um zu wissen, wie er aussieht, dass er heterosexuell ist und als Innenarchitekt in einem Architekturbüro arbeitet, derzeit in Montreal, normalerweise aber in Bordeaux. Als Rechner nutzt er ein Packard-Bell-Laptop. Nach seiner Rückkehr aus Kanada feierte er verschiedenen Feste mit Freunden und in der Familie, die genau, nach Rubriken (Hochzeit, Taufe ...und die Namen der Gefeierten) aufgelistet waren. Es folgte eine namentliche Aufzählungen seinen Freundinnen inklusive Charakterisierung ihres Äußeren. Claudia zum Beispiel hatte „kleine Brüste, kurze Haare und schöne Beine". Der Tigre fand auch die Straße heraus, in der Marc wohnt und seine Mobiltelefonnummer. All diese Daten hatte Marc im Internet hinterlassen.

Ein Kollege machte Marc auf die Publikation im Tigre aufmerksam. Er hatte danach schlaflose Nächte und war bemüht, alles über ihn im Internet zu löschen. Die Regionalzeitung „Presse Ocean" allerdings war Anfang 2009 auf diese Geschichte aufmerksam geworden und führte ein Interview mit dem Architekten, dem sie den Namen Fred gaben. Diese wurde unter der Überschrift „Gefangen im Netz. Das ganze Privatleben eines Bewohners von Saint-Herblain öffentlich gemacht." publiziert. Da der Architekt wirklich in Saint-Herblain wohnte, und sich nun noch mehr Medien auf die Geschichte stürzten, war er bald in ganz Frankreich bekannt.

6. Glaubwürdigkeit

Indem Sie sowohl das tun, was Sie versprochen haben, und sich dem aufrichtig verpflichtet fühlen, als auch dazu stehen, wenn Versprechen gebrochen wurden, glaubt man Ihnen und verlässt sich auf Ihr Wort. Fehlende Glaubwürdigkeit schließt wirkungsvolle Führung aus.

Zerstörte Bindungen: Wenn Vertrauen zerbricht

Bei aller Achtsamkeit ist es unmöglich, Vertrauensbrüche zu verhindern. Im Kapitel 2 habe ich dafür Beispiele der Firmen Pampers, Zott, Nestlé, Teldafax und United Airlines aufgelistet. Auch wenn wir wissen, dass es schwer ist, Vertrauen wiederherzustellen, sollten wir uns darum bemühen. Galford und Drapeau[18] empfehlen dafür vier Schritte:

1. Finden Sie heraus, was passiert ist

Was war die Ursache für den Vertrauensverlust? Darauf gibt es kaum eine einfache Antwort. Vertrauensverlust kann entweder sehr plötzlich passieren oder über einen längeren Zeitraum schleichend erfolgen. Es kann eine Ursache geben oder mehrere, die interferieren. Fühlen sich beide Seiten verletzt oder nur eine der beiden und die andere Seite ahnt noch nicht einmal etwas davon? Situationsabhängig läuft nun eine Prozessfolge ab, in die eine mehr oder weniger große Anzahl von Personen einbezogen wird, um die Situation wieder zu normalisieren.

2. Verschaffen Sie sich Klarheit über die eingetretene Wirkung

Versuchen Sie, die Tiefe und das Ausmaß des Vertrauensverlustes zu erfassen, um zu erreichen, angemessen mit unterschiedlich involvierten Personen, direkt und indirekt Betroffenen umzugehen.

3. Stehen Sie zum Vorfall

Sehen Sie davon ab, sich nach allen Seite abzusichern. Wenn es einen Vertrauensverlust gab, akzeptieren Sie die Realität, stehen Sie dazu, was passiert ist, und lassen Sie die Leute wissen, dass es Ihr fester Wille ist, die Angelegenheit wieder ins Reine zu bringen. Dabei ist es durchaus möglich, dass Ihnen noch unklar ist, auf welchem Weg dies geschehen kann und wie die passende Antwort aussieht. Gestehen Sie den anderen gegenüber auch diese Unsicherheit ehrlich ein.

4. Finden Sie so schnell und genau wie möglich heraus, was Sie zu tun haben, um den Vertrauensverlust zu kompensieren

Es kann sein, dass Sie die Natur der bestehenden Beziehungen überdenken und verändern oder persönliche Eigenarten oder das Regelwerk, wie miteinander umzugehen ist. Den Anker für die entscheidenden Verbindungen zwischen Menschen und zwischen Prozessen innerhalb von Unternehmen bildet Vertrauen. Dieses gilt es zu hegen und zu pflegen, um erfolgreich zu sein.

Diese Schrittfolge wird Ihnen ein wertvoller Begleiter sein, wenn Sie im Web 2.0 mit berechtigter Kritik konfrontiert werden. Auch wenn es schmerzhaft ist, sehen Sie auch das Positive: Sie erfahren, was Sie verbessern können, um die Erwartungen Ihrer Käufer oder Auftraggeber besser als bisher zu erfüllen. Was aber tun, wenn Blogger ein Unternehmen ungerechtfertigt kritisieren und damit dessen Ruf gefährden und Vertrauensverluste drohen? Wenn Sie dies entdecken, sind Sie den ersten Schritt bereits richtig gegangen, nämlich den, kontinuierlich zu prüfen, was im Web 2.0 über Sie berichtet wird. Finden Sie den Urheber-Blogg heraus. Ist es ein kleiner oder einer mit größerer Reichweite und Einfluss? Um das herauszufinden, nutzen Sie entweder Google oder eine Blogg-Suchmaschine wie Technorati und geben Sie, analog zu Google als Suchbegriff Ihren Unternehmensnamen, das Produkt oder Thema, um das es geht, ein. Wissen Sie nun, wer Ihnen „die Suppe eingebrockt hat" vermeiden Sie einen offenen Konflikt mit ihm, sei er verbaler Natur oder indem Sie Rechtsmittel nutzen oder damit drohen. Sie ahnen sicher, warum. Das würde eher zu Solidaritätsbekundungen innerhalb der Blogger-Gemeinde führen als Verständnis oder Sympatie für Sie auszulösen. Gehen Sie so vor, wie Sie es aus der klassischen Krisenkommunikation einerseits und dem Konfliktmanagement andererseits kennen. Prüfen Sie dabei, welche Kommunikationskanäle optimal sind. Dazu kann durchaus auch das Telefon gehören oder ein Gespräch von Angesicht zu Angesicht. Wer jetzt erwartet, dass Blogger geschriebene Einträge wieder löschen, der irrt (in dem meisten Fällen). Unterlassen Sie an dieser Stelle unbedingt Widerspruch. Transparenz, freie Meinungsäußerung und Nachvollziehbarkeit sind für Blogger Werte, die sie leidenschaftlich verteidigen. Statt dessen werden neue Beiträge verfasst, die bisher Geäußertes korrigieren. Natürlich steht es Ihnen frei, ein eigenes Blog aufzusetzen.

9. Konversations- und Gesprächstypen

In unserer schnelllebigen Welt stellen anspruchsvolle und produktive Konversationen eine der wirkungsvollsten Werkzeuge im Alltag dar, um Ergebnisse zu erzielen. Die Zeit für ein gutes Gespräch von Angesicht zu Angesicht oder für einen online geführten Gedankenaustausch ist kostbar. Wie oft jedoch wird die Zeit dafür verschwendet!

Gute Führungskräfte verfügen über und beherrschen ein ganzes Repertoire verschiedener Konversations- und Gesprächstypen. Abhängig vom jeweiligen Zweck und dem gewünschten Gesprächsausgang wählen sie daraus das jeweils adäquate Werkzeug aus. Analog stehen diese Werkzeuge auch den Organisatoren und Moderatoren eines Online-Forums zur Verfügung.
Lassen Sie uns vier von ihnen näher betrachten. Widmen wir uns zunächst dem Dialog, der Debatte und der Diskussion, danach dem Brainstorming.

Der Dialog ist die Suche nach neuer Erkenntnis. Er erweitert den Denkhorizont in einer Gruppe mit dem Ziel, zu neuen Einsichten und Ideen zu gelangen und noch unentdeckte Chancen zu erkennen.

Die Debatte ist ein wertvolles Forum, um die Robustheit von Ideen zu verstärken. Eine Debatte zu führen heißt, einen Kampf mit sprachlichen Mitteln auszutragen. Erklärtes Ziel der Debatte ist es zu gewinnen.

Zu diskutieren bedeutet zu prüfen, zu analysieren und zu verstehen. Das Ziel der Diskussion besteht darin, zu entscheiden.

Brainstorming ist eine Methode zur Ideenfindung in einer Gruppe.

Jeder dieser Konversationstypen hat sowohl Vorteile als auch potenzielle Fallstricke. Es geht darum, sie jeweils für den passenden Zweck einzusetzen. Die
Kunst dessen, der die Kommunikation moderiert, besteht darin, die Unterschie-
de der einzelnen Konversationstypen zu verstehen und praktisch zu nutzen. Das
bedeutet zu wissen, für welchen Zweck welcher Typ der Konversation optimal
ist.

9.1 Der Dialog

Während Debatte und Diskussion sehr stark unsere logische Gehirnhälfte ansprechen, wagen wir uns mit einem Dialog in kreative Regionen unserer Gedankenwelt vor. Sowohl Emotionen als auch Fakten werden zu integralen Bestandteilen der Konversation. Wenn es zutrifft, dass es heute zu wenig gelingt, aktuelle Problemstellungen mit dem Denken und den Werkzeugen zu lösen, die uns in der Vergangenheit den Erfolg bescherten, dann bietet sich der Dialog als ein bisher noch vernachlässigtes Werkzeug an. Der Dialog ist eine besondere Art des Gedankenaustauschs. Eigene Gedanken, insbesondere aber auch die von anderen vorgetragenen, werden aufmerksam verfolgt. Dialog zielt auf einen *Austausch*, in dem die Beteiligten voneinander lernen.

> *Der Dialog ist die fortlaufende Erforschung*
> *unserer tiefsten Annahmen und Überzeugungen.*
> Peter Senge

Im Dialog werden Ideen und Meinungen frei geäußert. Ein Dialog geht jedoch weit darüber hinaus. „Dialog" stammt ab von zwei griechischen Worten: „dia", was „fließen", und „logos", was „Meinung" bedeutet. Es ist der freie Fluss von Ideen und Meinungen, der die Bedingungen schafft, dass *neue* Gedanken und Ideen geboren werden. Die am Dialog Beteiligten können möglicherweise Dinge äußern, die sie noch nie zuvor gedacht oder gesagt haben.

> *Der Dialog ist eine Chance, Neues zu entdecken,*
> *keine Garantie, Altes zu bewahren.*
> David Bohm

David Bohm war ein weltweit anerkannter Physiker und Philosoph. Er wird auch „Vater des Dialogs" genannt. Vor über 50 Jahren hat er seine Theorie entwickelt, dass alle Teile des Universums in einer grundlegenden Beziehung zueinander stehen. Der beste Weg, sich diesen großen Pool von Meinungen zu erschließen, so arbeitete er heraus, ist der Gruppen-Dialog. Bohm themati-

siert den Dialog als eine Kommunikationsform, bei der es keine Sieger und
Besiegten gibt, sondern vorurteilsfrei und emotionslos Gedanken ausgetauscht
werden und dadurch neue Ideen entstehen.

> *... die Unterhaltung hört auf,*
> *ein Austausch von Waren (Informationen, Wissen, Status) zu sein,*
> *und wird zu einem Dialog,*
> *bei dem es keine Rolle mehr spielt, wer Recht hat.*
> *Die Duellanten beginnen, miteinander zu tanzen,*
> *und sie trennen sich nicht im Gefühl des Triumphes*
> *oder im Gefühl der Niederlage,*
> *was beides gleich fruchtlos ist, sondern voll Freude.*
> Erich Fromm

Ziel des Dialogs ist es, das gemeinschaftliche Verständnis für eine Idee oder einen Sachverhalt spürbar zu erweitern und zu vertiefen, so dass neuartige Ein-
blicke und Erkenntnisse daraus erwachsen, sich neue Horizonte eröffnen. Den
Treibstoff für einen schlagkräftigen Dialog bildet dabei die ernsthafte gedankli-
che Auseinandersetzung mit den Standpunkten und Hypothesen *anderer* sowie
mit dem, woran sie glauben. Die Autoren Hartkemeyer[21] nennen den Dialog
„eine Einladung zum Experimentieren mit verschiedenen Sichtweisen der Welt.
Es geht um das Ausprobieren und Erkennen von Zusammenhängen und Beziehungen, die uns bislang verborgen waren.“

> *Der Dialog ist eine neue Form des Gesprächs.*
> *Hier werden weniger Argumente ausgetauscht, sondern Horizonte eröffnet.*
> David Bohm

In einem Dialog verlassen die Teilnehmer die Ebene von Vorurteilen, Schubladendenken, Hänseleien oder scherzhaften Äußerungen, wie sie im Alltag oft
anzutreffen sind. Kennzeichnend für einen Dialog sind:

▶ Gegenseitiger Respekt.

▶ Dem/den anderen wird ernsthafte Aufmerksamkeit geschenkt, *ohne* vorschnelle Bewertungen (seiner Gedanken oder Ideen) zu treffen oder diese gar zu äußern.

▶ Teilnehmer lösen sich von bisherigen Wahrnehmungsmustern und

▶ sind bereit, mutige Gedanken – im Sinne eines Vortastens – zu äußern.

> *Die Verwirklichung des Menschen geschieht im Dialog:*
> *In der doppelten Fähigkeit, zu reden und zuzuhören, zu antworten, aber auch*
> *darin, sich vom Wort treffen zu lassen.*
> *Anders gesagt: Dialog, das meint die Bereitschaft zur Kooperation.*
> August Heinrich Henckel von Donnersmarck, dt. Ordensgeistlicher

Ein Dialog stellt eine kreative Methode des Kommunizierens dar, für die Verzweigungen typisch sind. So kann er mit einer provokanten Frage beginnen und endet in einem Gebiet, das dazu in keiner Beziehung steht. Dialog sucht weniger nach Übereinstimmung, sondern danach, die Komplexität der Angelegenheit besser zu verstehen. Er schließt weder mit einer Entscheidung ab noch mit einem Handlungsplan.

Zu den Vorteilen eines Dialogs gehören:

▶ Es ist legitim, dass mehrere Ansichten koexistieren.

▶ Die Beteiligten gewinnen ein tieferes Verständnis für den Standpunkt des anderen.

▶ Er bietet ein Fundament, um zu lernen.

▶ Er bietet einen systemischen Blick und überwindet damit eine Fragmentierung.

▶ Er setzt tiefes Vertrauen voraus und festigt es.

> *Der Wert eines Dialogs hängt vor allem*
> *von der Vielfalt der konkurrierenden Meinungen ab.*
> Karl Raimund Popper

Dem stehen folgende potenzielle Gefahren gegenüber:

▶ Verläuft ein Dialog konträr zum logischen Verstand, kann das Frustration auslösen.

▶ Einzelne Teilnehmer sind skeptisch, weil sie das Risiko fürchten, als Konsequenz dessen, dass sie ehrlich waren, letztlich als närrisch oder etwas verrückt zu gelten oder mit ihrer Meinung „allein" dazustehen.

> *Nicht die Wahrheit,*
> *in deren Besitz irgend ein Mensch ist, oder zu sein vermeint,*
> *sondern die aufrichtige Mühe, die er aufgewandt hat,*
> *hinter die Wahrheit zu kommen, macht den Menschen.*
> *Denn nicht durch den Besitz,*
> *sondern durch die Nachforschung der Wahrheit*
> *erweitern sich seine Kräfte,*
> *worin allein seine immer wachsende Vollkommenheit bestehet.*
> *Der Besitz macht ruhig, träge, stolz.*
> Gotthold Ephraim Lessing

Grundregeln für einen wirkungsvollen Dialog

Es fällt schwer, sich Angewohnheiten abzugewöhnen. Ohne Grundregeln verfallen Gruppen oft erneut in ihre gewohnten Muster der Diskussion und Debatte.

Zu den allgemeinen Grundregeln, um einen Dialog aufzubauen, zählen:

▶ Richten Sie sowohl Ihre Äußerungen als auch Ihre Fragen an den versammelten Kreis statt (ausschließlich) an eine Person.

▶ Verfolgen Sie aktiv[14], interessiert und konzentriert, was andere vorbringen. Äußern Sie sich nur, wenn Sie dazu aufgefordert wurden.

▶ Lassen Sie die Aussage Ihres Vorgängers einen Moment stehen. Beginnen Sie also erst nach einer Pause, sich selbst zu äußern.

▶ Bevorzugen Sie in Ihren Darlegungen „Ich"- gegenüber „man"- Aussagen.

▶ Vermeiden Sie Wertungen, Beurteilungen und Debatten.

▶ Starten Sie mit einem Check-in, zum Beispiel mit der Frage: „Was liegt mir für die Zeit, die wir hier miteinander verbringen, wirklich am Herzen?" Der Zweck besteht darin, alle Anwesenden in den gemeinsamen Prozess einzustimmen. So wird die Kommunikation verlangsamt und Vertrauen aufgebaut.

Damit der Dialog gelingt, sollte der Moderator

▶ den Anwesenden die Wahl lassen, sich zu beteiligen,

▶ der Gruppe dabei helfen, Hypothesen aufzustellen und diese zu hinterfragen,

▶ Divergierende Ansichten akzeptieren und diese untersuchen,

▶ die Dinge sich entwickeln lassen und es vermeiden, Schrittfolgen, Prozessabläufen oder sonstige Strukturierungen vorzuschreiben.

Spezifische Herausforderungen an einen konstruktiven Dialog

Was ist wichtig für den Dialog? Zunächst ist es die eigene Bereitschaft, zuzuhören[15] und den anderen gegenüber Respekt zu zollen. Darüber hinaus gilt es,
unsere Bewertungen oder gar Urteile in der Schwebe zu halten. Um Missverständnissen vorzubeugen: Es geht *nicht* darum, Gefühle zu unterdrücken, sondern darum, weniger an unseren (mitunter bereits fest zementierten) Gedanken
und Meinungen festzuhalten, sondern diese „loszulassen". Balancieren Sie zwischen Ermitteln, Befürworten und Selbstwahrnehmung aus. Im Dialog geht es
darum, eigene und fremde Gedankenfelder in einer offenen Form – frei von Ma-
nipulation – zu erkunden. Nach Hartgemeyer[21] sind zehn Kernfähigkeiten im
Dialog gefragt. Dazu zählen die im Folgenden aufgelisteten:

1.   Die Haltung eines Lernenden und Erkundenden einnehmen
Das setzt die Bereitschaft voraus, sich einzugestehen, dass man nichts
wirklich weiß. In unserer Kultur, in der wir lieber als „Wissende" auftreten, stellt das eine echte Herausforderung dar. Hans Ulrich Gumbrecht, der
als geborener Deutscher, seit Jahren in den USA lebend, als Romanist im
kalifornischen Stanford lehrt, drückte es kürzlich in einem Zeitungs-Inter-
view[13] so aus: „Es gibt in Deutschland eine spezifische Art von Rechthaberei. Du redest in Deutschland ganz selten mit Leuten, die fähig sind, im
Sinne einer Beobachtung zweiter Ordnung ihre eigene Meinung zu sehen,
also zu sehen, das ist meine Meinung, und die kann richtig oder falsch
sein. Oder Leute, die in Gespräche eintreten, ohne zu denken, es wäre eine
furchtbare Niederlage, wenn sie ihre Meinung ändern...Oder nehmen Sie
die Tatsache, dass es die Idee des ‚debate clubs' nicht gibt. Dort ist es wie
ein Sport. Es ist doch völlig undenkbar, dass es in Deutschland solche ‚debate clubs' gibt. Entweder weiß man, was richtig und falsch ist, oder nicht.
Übrigens erklären mir zwei von drei Deutschen, die nach Stanford kommen, nach zehn Minuten Amerika, wie das Land funktioniert. Wenn Sie
merken, das ich nicht dasselbe denke wie sie, erklären sie mir, dass ich das
falsch sehe, und wie es richtig ist. Selbst Leute, die ich für intelligent halte,
tun das."

2. **Respekt**

Das bedeutet: Ich akzeptiere, wer du bist, und versuche, die Welt aus deiner Perspektive zu sehen. Mit Respekt tut so mancher unserer Landsleute sich aktuell besonders schwer. Hier ist ein Paradigmenwechsel gefragt. Ich appelliere an die vielen, die Respekt zu ihren Grundwerten zählen: Lassen Sie uns zu Multiplikatoren werden. Immer wieder habe ich persönlich erlebt, dass über Vorbilder, über das eigene Vorleben weit mehr zu erreichen ist als über den „erhobenen Zeigefinger".

3. **Offenheit**

Da viele von uns lieber drum herum reden und es vermeiden, diffizile oder sensible Themen anzusprechen, sollten wir hier über unseren Schatten springen. Darüber hinaus gilt es zu vermeiden, die Botschaft zu politisieren. Was also ist zu tun?

▶ Sprechen Sie darüber, dass ein Schlüssel, um das Tor von „von gut zu großartig" zu öffnen, darin besteht, „die brutalen Fakten anzusprechen, statt sie unberührt zu lassen".

▶ Positionieren Sie Grundregeln um den Kern „die Wahrheit sagen" herum.

4. **„Sprich von Herzen" ... und fasse dich kurz.**

Unterlassen Sie lange, intellektuelle Wortspielereien und politische Statements. Äußern Sie sich zu dem, was Ihnen wichtig ist.

5. **Zuhören können**[14]

oder die Meinung des anderen aufmerksam verfolgen und sich mit eigenen Reaktionen, Bewertungen oder Ratschlägen zurückhalten.

6. **Verlangsamung**

In unserer schnelllebigen Welt bietet ein Dialog eine hervorragende Alternative.

9.2 Die Debatte

Eine Debatte (französisch: débattre: (nieder)schlagen) ist ein Streitgespräch auf gehobenem Niveau. (www.wikipedia.de)

Debattieren bedeutet Polemik. Dem Debattierer geht es darum, seine Argumente sowohl inhaltlich als auch rhetorisch gegen die der gegnerischen Seite zu behaupten. Wie beim Fechten, gibt es beim Debattieren einen Hin-und-Her-Rhythmus. Pro- und Contra-Argumente zu einem Thema oder einer These werden in kurzen Reden vorgetragen. Das Ziel des Debattenredners ist es, die Zuhörer für sich zu gewinnen. Deshalb sind in einer Debatte neben überzeugenden Argumenten eine gelungene Rhetorik und ein professioneller Rede-Stil gefragt. Wem es gelingt, seine Argumente kurz und auf den Punkt, verständlich und überzeugend zu präsentieren, gewinnt. Die Gegenargumente interessieren allein, um ihre Schwächen aufzudecken.

Debatten haben ihren historischen Ursprung in England. Die ersten Debattierclubs wurden 1815 in Cambridge und 1823 in Oxford gegründet. Der bekannte „Speakers Corner" im Londoner Hyde Park ist noch heute ein Platz, an dem jeder ohne Anmeldung einen Vortrag zu beliebigen Themen halten kann. Allerdings, so ist auf entsprechenden Hinweisschildern zu lesen, ist es untersagt, die Queen und die königliche Familie zum Inhalt einer Rede zu machen. Inwieweit es dem jeweiligen Redner des „Speakers Corner" gelingt, die Aufmerksamkeit Vorübergehender zu gewinnen, zeigt die Größe der Menschentraube, die er um sich versammelt.

Heute treffen wir häufig im Zusammenhang mit Aussprachen in einem Parlament auf den Begriff Debatte, zum Beispiel als Haushalts- oder Bundestagsdebatte. Dabei geht es um eine zu einem Sachthema oder zu Personalfragen geführte Aussprache unter den Mitgliedern eines politischen Gremiums. Die Geschäftsordnung der entsprechenden Körperschaft regelt die Richtlinien und den Verlauf einer Debatte. Für den Deutschen Bundestag sieht diese die Eröffnung der Plenardebatte durch den Bundestagspräsidenten vor, der auch die Rednerliste abruft und schließt, die Aufeinanderfolge der Redner festlegt und den ordnungsgemäßen Ablauf der Debatte überwacht.

Unerquicklich ist es, mit dir zu streiten,
wenn du nur verteidigen willst, was du bist,
was du warst und immer zu bleiben gedenkst.
Was soll ich streiten, wenn ich nicht hoffen kann, dich zu ändern!
Karl Gutzkow, dt. Schriftsteller

Zu den Vorteilen einer Debatte gehören:

▶ Sie bringt robustere Ideen hervor.

▶ Sie erzeugt gewinnende Ideen, von denen andere einfacher zu überzeugen sind.

▶ Sie erfordert die freie Rede.

▶ Es sind Argumente, die zählen.

Dem stehen folgende potenzielle Gefahren gegenüber:

▶ Eine Debatte kann Beteiligte dazu bringen, die gegenteilige Beweisführung ihres Standpunktes zu ignorieren oder zu verhindern.

▶ Sie schafft Gewinner und Verlierer.

▶ Grenzoptionen bis hin zur „entweder/oder"–Polarisierung sind denkbar.

▶ Eine Debatte wird oft unnachgiebig und rigide geführt.

Tipps, um wirkungsvoll zu debattieren:

▶ Achten Sie darauf, einen klaren Fokus für die Debatte zu setzen.

▶ Stellen Sie sicher, dass die Debatte auf Ideen und Sachverhalte fokussiert statt auf die Personen, die diese Ideen präsentieren.Was meinen Sie? Wie wird dieses Kriterium in Bundestagsdebatten gelebt?

Sigmar Gabriel in der Bundestagsdebatte zum Haushalt 2011:
„Irgendwie ist es keine so richtige intellektuelle Herausforderung heute, was zu Ihrem Haushalt zu sagen und zu Ihrer Regierungskoalition."
Er erntet dafür Gelächter und Applaus aus den eigenen Reihen, auch für die folgenden Worte, die er an Bundeskanzlerin Dr. Angela Merkel richtet:
„Ich nehme an, Sie können auch Gänse vom Sinn von Weihnachten überzeugen."
Die Bundeskanzlerin entgegnet: „Ehrlich gesagt, ich weiß nicht, was es da zu lachen gibt."
Gabriel: „Seit einem Jahr sind Sie und Ihr Kabinett auf Selbstfindungstripp."

Später geht es in dieser Bundestagsdebatte um das Thema Atomausstieg: Sigmar Gabriel antwortet auf die Ausführungen der Bundeskanzlerin: „Ist es das, was Sie, Frau Kanzlerin, auf Ihrer Energiereise im Sommer gelernt haben? Wenn ja, habe ich eine Bitte. Bleiben Sie im nächsten Sommer zu Hause."

▶ Verständigen Sie sich auf Regeln für die Debatte und halten Sie sich an diese.

Eine Debatte folgt festen Regeln. Wie viele Personen dürfen wann wie lange reden? International existieren eine Reihe von Regelwerken, die jeweils andere Schwerpunkte setzen. Dazu gehören:
– der British Parliamentary Style (BPS)
– die offene Parlamentarische Debatte (OPD)
– die sogenannten Wartburg-Regeln

Ihnen ist gemeinsam, dass sich stets eine Pro- und eine Contra-Fraktion kontradiktorisch gegenüberstehen und abwechselnd ihren Standpunkt vortragen.

Der British Parliamentary Style

Hier stehen sich zwei Fraktionen – die Regierung und die Opposition –, die jeweils aus vier Debattierern bestehen, gegenüber. Der Regierungsredner eröffnet die Debatte, indem er einen konkreten Antrag zur Abstimmung vorstellt. Darauf wechseln sich jeweils ein Redner der Opposition und einer der Regierung ab. In ihren Reden nehmen sie ausschließlich Bezug auf den gestellten Antrag. Während ihrer Redezeit bringen alle Debattierer mit Ausnahme der Schlussredner neue Argumente in die Debatte ein. Die Schlussredner der einzelnen Fraktionen haben die Aufgabe, zusammenzufassen, wofür ihre jeweilige Seite in der Debatte steht. Ihnen ist es untersagt, neue Argumente in die Debatte einzubringen. Jeder Redner hat sieben Minuten Redezeit. Über deren Einhaltung wacht die Präsidentin oder der Präsident der Debatte. Während der ersten und letzten Minute der Redezeit ist auf Zwischenfragen zu verzichten, sonst sind Zwischenfragen von der jeweiligen Gegenseite zugelassen. Zwischenrufe sind jederzeit erlaubt, solange die Zwischenrufer davon absehen, den parlamentarischen Stil der Debatte zu schädigen. Zwischenfragen sind auf fünfzehn Sekunden, Zwischenrufe auf sieben Worte zu beschränken.

Die offene Parlamentarische Debatte

Hier handelt es sich um eine modifizierte Version des oben beschriebenen BPS-Systems. Es wurde vom Tübinger Debattierclub „Streitkultur" entwickelt. Zusätzlich zu den beiden Fraktionen, die hier nur jeweils aus drei Rednern bestehen, gibt es „Freie Redner", die sich erst im Laufe der Debatte für die Position einer der beiden Fraktionen entscheiden müssen. Sie sprechen vor den Schlussrednern der beiden Fraktionen. Innerhalb der ersten Minute ihrer dreieinhalbminütigen Redezeit haben sie sich auf ihre Position festzulegen. Danach sind zwei Minuten lang Zwischenfragen der Fraktion, gegen deren Position sie sich entschieden haben, zugelassen. Haben sich die Freien Redner positioniert, ist es ihre Aufgabe, diejenige Fraktion zu unterstützen, auf deren Seite sie sich gestellt haben. Es ist ihnen untersagt, deren Argumente zu sabotieren.

Die Hinzunahme Freier Redner führt zu mehr Interaktion zwischen den einzelnen Seiten der Debatte. Die verschiedenen Fraktionen fokussieren nun darauf, neben dem Publikum auch die Freien Redner zu überzeugen. Damit dies gelingt, hat der Eröffnungsredner der Fraktion, gegen deren Position sich der Freie Redner ausgesprochen hatte, nach der Rede des freien Redners eine einminütige Gegenrede – gerichtet an den zu überzeugenden Freien Redner – zu halten. Er verfolgt damit das Ziel, diesen doch noch zum Wechsel seiner Position zu bewegen. Deshalb ist es ihm untersagt, vorher Zwischenfragen an den Freien Redner zu stellen.

Die Regeln des Turniers auf der Wartburg
Die Grundidee dieses Regelsystems, das seinen Namen durch das jährliche Turnier auf der Wartburg erhielt, ist eine andere als die der beiden erstgenannten. Während BPS und OPD über konkrete Anträge debattieren lassen, zielt dieses Format auf die Klärung eines gesamtgesellschaftlichen Sachverhaltes. Ziel beider sich konträr gegenüberstehenden Parteien aus jeweils drei Rednern ist es, das Publikum mit inhaltlich stimmigen und sprachlich korrekt präsentierten Argumenten vom jeweiligen Standpunkt zu überzeugen.

Grundlage bildet eine als These formulierte Frage, die mit „Ja" oder „Nein" beantwortet werden kann. Z. B: „Der Terror ist besiegbar – ja oder nein?" Mit der Verkündung der These beginnt eine 15-minütige Vorbereitung. Jeder Redner hat sieben Minuten Redezeit (optional fünf). Die erste und die letzte Minute sind geschützt. Das bedeutet, von Zwischenfragen ist in dieser Zeit abzusehen.

Während der ungeschützten Zeit sind Zwischenfragen der Gegenseite und vom Publikum zugelassen. Diese sind auf maximal 15 Sekunden begrenzt. Der Redner selbst entscheidet, ob er die Frage annimmt. Eine Ausnahme bildet hier jedoch die Privileg-Frage, die nachfolgend erläutert wird. Zwischenrufe, die auf sieben Worte zu begrenzen sind, sind jederzeit möglich.
Jedem Redner ist es erlaubt, neue Argumente in die Debatte einzubringen. Vom jeweils letzten Redner beider Teams wird erwartet, dass er sich an der Argumentation seiner Vorredner orientiert. Es sollte eine Teamstrategie erkennbar sein, ein „roter Faden" in ihren Beiträgen.
Während der ungeschützten Redezeit des jeweils letzten Redners kann der jeweils erste Redner die sogenannte Privileg-Frage stellen. Diese greift einen Schwachpunkt in der Argumentation der Gegenseite auf. Es ist ausgeschlossen, diese Frage abzulehnen.

Im Anschluss an die Debatte wertet die Jury, die aus den drei Personen Präsident, Zeitnehmer und Schriftführer besteht, die Redebeiträge aus und gibt Tipps für zukünftige Debatten.

Die Bewertung gliedert sich in eine Redner- und in eine Teambewertung. Zur Rednerbewertung zählen neben äußerer Form und Inhalt, Stil und Struktur sowie Schlagfertigkeit. Bei der Teamwertung geht es um die Würdigung der Gegenseite, die Strategie, Interventionen und Zwischenrufe. Jedes Kriterium wird mit Punkten zwischen null (sehr schlecht) und fünfzehn (sehr gut) bewertet. Regelverstöße, zum Beispiel eine Zeitüberschreitung, haben den Abzug von Punkten zur Folge.

In einer guten Debatte wird eine Streitfrage also von verschiedenen Seiten betrachtet. Wenn dabei deutlich wird, was für die eine und was für die andere Seite spricht, liegt darin ein Gewinn für alle. Dazu kann jeder Teilnehmer beitragen, indem er seinen Standpunkt stark macht und ihn gegen Einwände verteidigt. Ebenso wichtig ist, dass er die Meinungen der anderen Teilnehmer ernst nimmt und sich mit ihnen gründlich auseinandersetzt. Es sind vier wesentliche Kriterien, nach denen die Jury bewertet und an denen sich jeder Aktive messen kann:

1. **Die Sachkenntnis:**
   Wie gut weiß der Redner, wovon er spricht?

Damit ist die Fähigkeit gemeint, Sachfragen zutreffend und gehaltvoll zu beantworten. Der Redner soll wissen: Worin besteht die Angelegenheit? In welchem Kontext steht sie? Was ist der Stand? Wo liegt der Streitpunkt?

2. **Ausdrucksvermögen:**
   Inwieweit gelingt es dem Redner, zu sagen, was er meint?

Gemeint ist das Vermögen zur sprachlichlichen Darstellung: verbal, nonverbal, vokal. Zu den Merkmalen guten Ausdrucksvermögens gehören Verständlichkeit und Klarheit, Anschaulichkeit und Einprägsamkeit der Formulierungen, die Wortwahl und der Satzbau, die Verwendung von Methaphern und Vergleichen.

Welches Potenzial hier noch erschlossen werden kann, verdeutlicht ein Beispiel aus der Bundestagsdebatte vom 14. April 2011 zur Besteuerung von Diesel (anzusehen auf www.youtube.de):

> **Norbert Schindler, CDU:**
> „2004, zur Sachlage, hat die Europäische Union begonnen, und dies war auch Auftrag, von allen gewollt, die Deutschen waren mit der Ökosteuer schon einige Jahre früher dabei, und deswegen haben wir auch, unter anderem wegen der Ökosteuer, die nicht die Union eingeführt hat, aber sie war mit Mehrheit getragen, hohe Treibstoffsteuersätze. Jetzt versucht die Europäische Gemeinschaft, in einem gewissen Zeitraum, diese Steuersätze anzugleichen und nicht mehr nach den Mengen, sondern nach dem Energiegehalt und dem Schadstoffausstoß."

3. Gesprächsfähigkeit
   Wie gut geht der Redner auf die anderen ein?

Gemeint ist die Fähigkeit der Teilnehmer, sich auf die Debatte als Gesprächssituation einstellen zu können. Es ist wichtig, dass die Teilnehmer einer Debatte nicht nur sich, sondern auch die anderen sehen und die Fragestellung als gemeinsame Aufgabe begreifen. Das setzt voraus, dass die Teilnehmer zu gegenseitigem Austausch, gegenseitigem Respekt und gegenseitiger Bezugnahme bereit und in der Lage sind. Die Gegenseitigkeit garantiert zugleich die Fairness der Auseinandersetzung.

4. Überzeugungskraft
   Wie gut begründet der Redner, was er sagt?

Gemeint ist die Fähigkeit, sich in die Perspektive des Hörers zu versetzen und diese bei der Argumentation zu berücksichtigen, so dass dieser eine Bereitschaft entwickelt, dem Gesagten zuzustimmen. Drei Aspekte gehören zur Überzeugungskraft: Verständnis für die Lage der Hörer, Glaubwürdigkeit im Auftreten als Redner, Nachvollziehbarkeit vorgebrachter Gründe.

Welche Position (pro oder contra) der Einzelne vertritt, ist kein Bestandteil der Bewertung.

Auch im Internet präsentieren sich eine Reihe von Debattierclubs mit den jeweils bei ihnen geltenden Regeln. So lauten die Empfehlungen beim Debattierclub Tilburyhouse (www.tilburyhouse.de):

▶ Unterlasse es, Zeit mit Unwahrscheinlichem oder Idiotischem zu verschwenden.

▶ Vermeide es, das Publikum mit Beispielen zu langweilen, die jedermann einfallen würden. Verwende originelle Beispiele mit klaren Konturen.

▶ Achte darauf, Übertreibungen nicht ins Blödeln kippen zu lassen.

▶ Vermeide abstrakte Konzepte, außer wenn du damit gut vertraut bist.

▶ Benutze spezifische Worte und brauche sie oft.

▶ Sehe davon ab, einen zu selbstbewussten Eindruck zu machen.

▶ Vermeide, allzu alltäglich auszusehen.

Wer dieses Kapitel zur Debatte tapfer „durchgehalten" hat, dem ist spätestens jetzt klar, wie klar strukturiert einerseits und mit welch hohem Anspruch andererseits Debatten verlaufen. Wie empfinden Sie dann die folgenden Auszüge aus einem Artikel der Sächsischen Zeitung vom 15./16. September 2007 (Autorin Diana Wild)?

Theater auf miesem Niveau
– Sachsens Abgeordnete finden Landtagsdebatten häufig langweilig, aber dennoch unverzichtbar –

... Gemeinsam mit dem CDU-Kollegen Fritz Hähle, über dessen Partei sich der gerade zurückgetretene SPD-Fraktionschef Cornelius Weiss so sehr geärgert haben will, und mit den anderen Fraktionschefs ergründet er bei einer Podiumsdiskussion der Landeszentrale für politische Bildung in Dresden heikle Fragen: Braucht es eigentlich noch ein Landtagsplenum? Ist dies nicht längst zur „Schwatzbude" verkommen? Und: Warum ist nur ein Teil der Abgeordneten anwesend und liest nebenbei Zeitung?

Immer wieder gleiche Themen.

Zuschauer könnten wenig mit den Reden dort anfangen, räumten selbst Abgeordnete ein. Auch sie selbst langweilten sich oft. „Es ist halt ein Theater auf sehr, sehr miesem Niveau", beklagt FDP-Fraktionschef Holger Zastrow. Die meisten Kollegen hängen zu sehr an ihrem Manuskript, findet er. Dazu komme die „Murmeltier"-Problematik: Einige Themen stünden ständig auf der Tagesordnung. Grünen-Chefin Antje Hermenau hat prompt ein paar Tipps auf Lager, wie Reden spannend bleiben. Ein, zwei „knackige" und medienwirksame Sätze sollen sich mit sachlichen Erläuterungen abwechseln. Ein weiterer Grund für die oft mangelnde Aufmerksamkeit der Abgeordneten im Plenum ist nach einhelliger Meinung, dass die Beschlüsse schon vorher in Ausschüssen, Expertenrunden und Fraktionssitzungen festgelegt werden. Der Dresdner Parlamentarismusforscher Wolfgang Ismayr bestätigt dies: „Die meisten Entscheidungen fallen hinter verschlossenen Türen. Dadurch entsteht das Missverständnis, dass im Parlament wenig geschieht."

9.3 Die Diskussion

Die Wurzel des Wortes „Diskussion" (lateinisch discussi, discutio = 1. zerschlagen, zertrümmern, 2. abschütteln, 3. (gerichtlich) prüfen, untersuchen, verhören) ist dieselbe wie die von „Schlag" und „Erschütterung". Leider lösen viele Diskussionen Bilder vom „aneinander geraten oder „zusammenstoßen" aus. Eine Diskussion ist ein Gespräch zwischen zwei oder mehreren Personen (Diskutanten), die sich über ein oder mehrere Themen *austauschen*. Jede Seite trägt dabei ihre Argumente vor. Die Beteiligten hören einander zu.

Eine Diskussion ist unmöglich mit jemandem,
der vorgibt, die Wahrheit nicht zu suchen, sondern schon zu besitzen.
Romain Rolland, französischer Schriftsteller

Eine wirkungsvolle Diskussion beginnt damit, die Angelegenheit darzustellen, bietet Daten und Begründungen für die verschiedenen Positionen und führt dann zur Entscheidung und damit zum Abschluss. Die Position des anderen wird stärker erkundet als in der Debatte, so dass Pros und Contras gegeneinander abgewogen werden können.

Nur im Widerstreit gegensätzlicher Meinungen
wird die Wahrheit entdeckt und an den Tag gebracht.
Claude Adrien Helvetius, französischer Philosoph

Um die Wahrheit zu finden, muss man diskutieren.
Peter Weiss (1916–1982), deutscher Schriftsteller

Zu den Vorteilen einer Diskussion gehören:

▶ Die Teilnehmer lernen etwas.

▶ Gründlichkeit: Alle Perspektiven werden berücksichtigt und abgewogen.

▶ Die Teilnehmer fühlen sich wertgeschätzt.

▶ Im Moderator sieht man den Berater.

▶ Das Gefühl und das Wissen, Anteil an der Entscheidung zu haben, wird generiert.

▶ Wenn die Teilnehmer die Diskussion verlassen, dann tun sie dies mit klaren Prioritäten und eindeutigen Anweisungen.

> *Der Widerspruch ist es, der uns produktiv macht.*
> Johann Wolfgang von Goethe

Dem stehen folgende potenzielle Gefahren gegenüber:

▶ Einige Teilnehmer dominieren.

▶ Überanalysieren: Man sieht den Wald vor lauter Bäumen nicht mehr.

▶ Schlupflöcher werden genutzt für einen Kurswechsel.

▶ Es fehlt Geschlossenheit.

▶ Es bleibt allein beim „Herunterladen" von Informationen und bei einer Konversation von bereits zuvor Gesagtem.

▶ Die Diskussion verfällt in eine Debatte.

Das Schwierigste am Diskutieren ist nicht,
den eigenen Standpunkt zu verteidigen, sondern ihn zu kennen.
André Maurois, französischer Schriftsteller

Um wirkungsvoll zu diskutieren, sollte der Moderator des Forums

▶ Klarheit über den Zweck und den gewünschten Ausgang der Diskussion vermitteln,

▶ eine Agenda vorgeben und den Kontext für die Diskussion,

▶ für eine dem Forum förderliche Atmosphäre und Umgebung sorgen,

▶ über die der Diskussion zugrunde liegenden Verhaltens-Regeln aufklären und dafür Sorge tragen, dass diese eingehalten werden,

▶ sicherstellen, dass für das jeweilige Thema adäquate Inhalte und Abläufe genutzt werden,

▶ für eine ausgewogene Teilnahme sorgen,

▶ sich der Wirkung als Führungskraft in der Diskussion und der Gruppendynamik bewusst sein,

▶ bei Bedarf einen Diskussionsleiter benennen oder hinzuziehen.

Wenn man politische Diskussionen verfolgt,
stellt man immer wieder fest,
dass die Worte ein paar Nummern zu groß
für die von ihnen bekleideten Ideen sind.
Alberto Moravia, italienischer Schriftsteller

9.4 Das Brainstorming

Brainstorming ist eine Methode zur Ideenfindung in einer Gruppe. Sie wurde Ende der 30iger Jahre von dem Amerikaner Alex Osborne entwickelt und von Charles Hutchison Clark weiterentwickelt. Der Name leitet sich ab von „using the brain to storm a problem", was wörtlich ins Deutsche übersetzt bedeuten würde: „Das Gehirn verwenden zum Sturm auf ein Problem". Brainstorming wird genutzt, um in einer Gruppe, bestehend aus fünf bis zwanzig Personen, völlig neue Ideen, durchaus auch solche außergewöhnlicher Art, zutage zu fördern. Dazu dient folgendes Regelwerk:

1. Sehen Sie von jeglicher Kritik, Wertung oder Interpretation an geäußerten Ideen ab. Das ist die wichtigste Regel beim Brainstorming. Damit wird vermieden,
    - den Ideenfluss zu unterbrechen,
    - Teilnehmer zu enttäuschen oder zu blockieren,
    - dass langatmige Pro-und-Contra-Diskussionen aufkommen.

2. Greifen Sie die Ideen anderer Teilnehmer auf, kombinieren Sie diese und entwickeln Sie sie weiter. Knüpfen Sie an die positiven Aspekte der Idee an. „Schleifen Sie den Rohdiamanten", indem Sie eigene Überlegungen ergänzen.

3. Lassen Sie Ihrer Fantasie freien Lauf. Jede Anregung ist willkommen. Diese Regel soll jedem Teilnehmer die Sicherheit geben, seine Gedanken zu äußern, und schließt aus, dass sein Beitrag, so verwegen oder unfertig er auch zu sein scheint, kritisch abgewiesen wird.

4. Es sollen möglichst viele Ideen in kurzer Zeit generiert werden. Je mehr Ideen, desto höher die Wahrscheinlichkeit für ausreichend wertvolle.

Daraus ergeben sich folgende Vorteile:

1. Das Wissen mehrerer Personen wird zur Entscheidung miteinbezogen.

2. Viele Ideen kommen in kurzer Zeit auf den Tisch.

3. Denkpsychologische Blockaden werden abgeschaltet.

4. Da auf Wertungen verzichtet wird, existiert eine große Lösungsvielfalt.

5. Die Teilnehmer sind motiviert, sich einzubringen, und tun dies aktiv. Mit einer Lösung, zu der sie selbst beigetragen haben, werden sie sich identifizieren und sich dafür engagieren.

6. Das Kommunikationsverhalten wird „demokratisiert".

7. Unnötige Diskussionen werden vermieden.

8. Gut moderiert kann ein Brainstorming Spaß bereiten und viel positive Energie freisetzen.

Welche der im Brainstorming favorisierten Ideen letztlich zum Tragen kommt, kann in einer Debatte ausgetragen werden.

Zum Ablauf eines Brainstormings, dessen zeitlicher Rahmen im Allgemeinen zwischen zehn und dreißig Minuten liegt:

1. Aufwärmphase:
   – Definieren Sie das Ziel und den Zweck des Brainstormings. Ein praktisches Beispiel, dass den hohen Wirkungsgrad des Brainstormings veranschaulicht, kann nützlich sein.
   – Verständigen Sie sich auf das Thema, zu dem es gilt, Ideen zu finden.
   – Stellen Sie sicher, dass alle das Regelwerk kennen.

2. Durchführung/Moderation:
  - Betrauen Sie eine Person damit, alle Ideen stichwortartig schriftlich und für alle sichtbar festzuhalten. Klassisch geschieht das auf einer Tafel oder einem Flipchart. Virtuelle Plattformen bieten analoge Funktionalitäten.
  - Arbeiten Sie in dem kurzen Zeitfenster eines Brainstormings äußerst konzentriert.
  - Kurze klärende Fragen zu stellen, ist in Ordnung. Sie sind kurz und präzise zu beantworten. Von Erklärungen, die als Bremse im Brainstorming wirken, ist abzusehen.
  - Laden Sie alle ein, sich aktiv einzubringen. Sorgen Sie für eine angenehme Wohlfühl-Atmosphäre und lassen Sie Querdenken zu. Humor unterstützt erfahrungsgemäß, dass innovative Ideen geäußert werden.
  - Stellen Sie sicher, dass Wertungen von Ideen bis zum Schluss unterbleiben.

10. Anerkennung und Kritik

Danke, dass Sie mir gesagt haben, was ich gar nicht hören wollte.
Ashleigh Brilliant

Wie groß ist die Zahl bestehender Online-Plattformen, in denen es um Anerkennung und Kritik geht? Darauf wird einerseits beschrieben, welchen Nutzen, welche Freude oder andererseits welchen Ärger und welche Sorgenfalten entweder ein Produkt, die Kundenkommunikation, eine Handwerker- oder Dienstleistung aus Anwendersicht hervorrief. Drei typische Beispiele von vielen sind die Rezensionen bei Amazon, Kommentare auf YouTube oder Beiträge auf www.abgespeist.de. In anderen Foren beschreiben Menschen, wie das Verhalten anderer Personen auf sie wirkte. Patienten schildern zum Beispiel ihre Erfahrungen im Krankenhaus oder in einer Arztpraxis. Schüler und Studenten berichten über ihren Alltag, über ihre Lehrkräfte und so weiter. Darüber hinaus sind Blogs Foren, auf denen einerseits der Blogger, andererseits die Kommentare und deren Verfasser Anerkennung und Kritik ernten.

Ein Schulterklopfen ist nur ein paar Rückenwirbel entfernt
von einem Tritt in den Hintern, ihm aber,
was die Folgen betrifft, um Meilen voraus.
Victor Wilcox

Niemand ist perfekt. Wo Menschen arbeiten, kommunizieren, kooperieren oder anderweitig aktiv sind, unterlaufen Fehler. Wer offen ist für Neues, wer Innovatives wagt, lebt gleichzeitig mit dem Risiko – sich mitunter – meist fahrlässig falsch zu verhalten. Aus diesen Fehlern kann man lernen. Sie sind eine Chance,

Dinge in Zukunft besser zu machen. Darüber hinaus kann es passieren, dass wir uns, aus einer Laune heraus oder weil dies „nicht unser Tag ist", daneben benehmen oder anders verhalten als üblich. Mit hoher Wahrscheinlichkeit ernten wir dafür Kritik anderer.

Anderen Rückmeldungen zu geben und selbst offen zu sein für die Rückmeldungen, die andere einem selbst gegenüber äußern, kann emotional und persönlich eines der besten Situationen sein, die uns widerfahren. Weshalb? Wir erkennen besser, wo wir stehen und wie wir auf andere wirken. Hier differieren Selbstbild (wie wir uns selbst sehen) und Fremdbild (wie andere uns sehen oder wie wir auf andere wirken) mitunter erheblich. Offen zu sein für Rückmeldungen anderer schützt uns davor, sowohl die Folgen unseres Verhaltens als auch deren Wirkung auf andere falsch einzuschätzen. Wir lernen aus Rückmeldungen, korrigieren Fehler und beugen diesen vor. Wir erhalten die Möglichkeit, falsches Verhalten abzustellen und das, was gut ankommt, zu verstärken.

Selbstbild und Fremdbild: Das Johari-Fenster

1955 entwickelten die beiden amerikanischen Sozialpsychologen Joseph Luft und Harry Ingham, ein einfaches, aber wirkungsvolles Modell, das einen Vergleich von Selbst- und Fremdwahrnehmung zulässt. Mit Hilfe des nach ihnen benannten Johari-Fensters sind Veränderungen, hinsichtlich der Wahrnehmung von Beziehungen, darstellbar. So gibt es Verhaltensweisen, bei denen unbeabsichtigte Mitteilungen zur eigenen Person vorgenommen werden, aber gleichzeitig große Bereiche der eigenen Wahrnehmung verborgen bleiben. Nur ein Bruchteil des Verhaltens einer Person, das für eine soziale Situation relevant ist, wird eigentlich wahrgenommen. Wesentliche Aspekte bleiben unbekannt, erfolgen unbewusst und sind weder der Person selbst noch anderen zugänglich.

Oh würde uns doch eine Kraft verliehen,
uns selbst so zu sehen, wie andere uns sehen!
So mancher Fehltritt bliebe uns erspart
als auch närrische Auftritte.
Robert Burns

Im JoHari-Fenster wird einerseits unterschieden zwischen dem, was uns selbst bekannt ist und was nicht, und andererseits zwischen dem, was andere über uns wissen und was für sie verborgen bleibt. Das ergibt folgende 2 x 2 Matrix mit vier Quadranten:

Beschreibung der vier Quadranten im Johari-Fenster

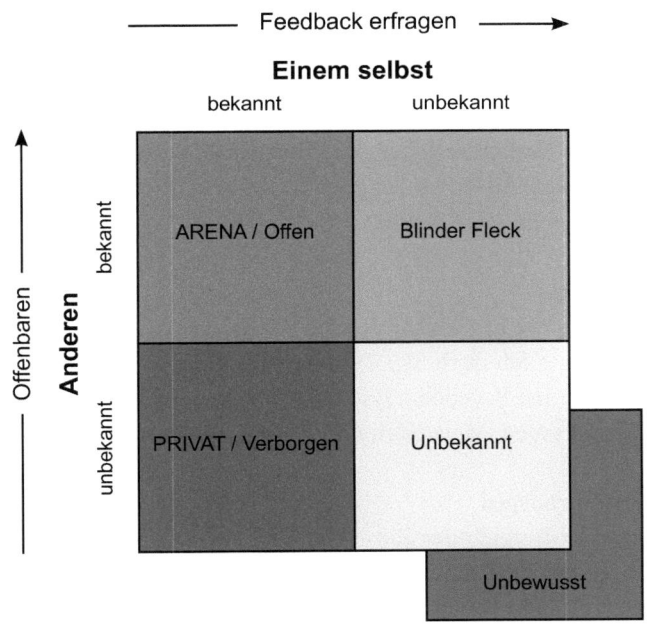

Quadrant ARENA oder Offen wie ein Buch
Der öffentliche Bereich und die Aspekte unseres Verhaltens, die sowohl Ihnen als auch anderen gut bekannt sind. Hier erscheint uns unser Handeln frei, unbeeinträchtigt von Ängsten und Vorbehalten. Von diesem Quadranten geht für Sie als Person, insbesondere als Fach- und Führungskraft, enorme Wirkung aus. Menschen tendieren dazu, Personen mit offenem Auftreten als auch solchen, die offen sind für Feedback, eher zu vertrauen, mit ihnen einfacher ins Gespräch zu kommen und mit ihnen eine tragfähige Beziehung aufzubauen.

Quadrant Blinder Fleck
Das Gebiet mit dem wahrscheinlich höchsten Potenzial zur Selbsterkenntnis. Der blinde Fleck repräsentiert die Dinge von uns selbst, die für uns selbst im Verborgenen liegen, von anderen jedoch erkannt und wahrgenommen werden. Dies sind zum Beispiel unbedachte und unbewusste Gewohnheiten und Verhaltensweisen, Reaktionen in bestimmten Situationen, Marotten, Vorurteile, Zu- und Abneigungen.
Ein großer „blinder Fleck" behindert zum Beispiel eine effiziente Kommunikation. Kollegen, Vorgesetzte, Freunde und die Familie können uns Hinweise über uns selbst und unser Verhalten geben, das für unsere Selbsterkenntnis äußerst wertvolle Informationen bietet, vorausgesetzt, wir sind offen für ihre Rückmeldungen, ihre Anerkennung und Kritik.

Quadrant Unbekannt
Das ist das mitunter weite Gebiet von uns selbst, das weder uns noch anderen unmittelbar zugänglich ist. In der Tiefenpsychologie wird es unbewusst genannt. Es *kann* über eine Psychoanalyse oder Psychotherapie gelingen, zu diesem Bereich vorzudringen. Meist bleibt aber vieles im Dunkeln.

Quadrant Privat/Verborgen
Der verborgene oder Bereich der Zurückhaltung von uns selbst oder die Fassade: Das sind die Aspekte unseres Denkens und Handelns, die wir, bewusst oder unbewusst, vor anderen verbergen: Die „heimlichen Wünsche", die „sensiblen Stellen", die „private Person". Wir alle möchten vermeiden, bestimmte Dinge anderen gegenüber zu offenbaren, sei es aus Angst, sei es, um den an-

deren zu täuschen oder einfach weil es uns zu persönlich erscheint. Zur echten Schwierigkeit gerät die Sache dann, wenn das eine oder andere, was versteckt wird, zum ernsthaften Kommunikationshindernis erwächst und wertvolle Energie kostet, die vom Eigentlichen ablenkt. Durch Vertrauen und Sicherheit zu anderen kann dieser Bereich erheblich eingegrenzt werden.

Das Johari-Fenster stellt ein einfaches und sehr wirkungsvolles Werkzeug dar, sowohl um seine individuelle Selbstwahrnehmung zu erweitern als auch das Verständnis zwischen den Mitgliedern intakter Gruppen und Teams zu erhöhen. Wird das Johari-Fenster in diesem Sinn geschickt genutzt, hilft es, die Kommunikation zu verbessern, Vertrauen aufzubauen und auch die Art von Beziehung, die persönliche und berufliche Leistungsfähigkeit und Zufriedenheit zu fördern. Dies hilft sowohl Einzelpersonen als auch Gruppen.

Das Johari-Fenster basiert auf der Annahme, das eine Ausweitung des offenen Quadranten oder der öffentlichen „Arena" das Lernen (über uns und unser Verhalten) bereichert und auch unsere persönliche Wirkung und Beziehung zu anderen nachhaltig verbessert. Es geht einerseits darum, unsere Selbstwahrnehmung auszubauen, indem wir offen sind für Anerkennung und Kritik anderer und deren Rückmeldungen aktiv einholen. Andererseits lernen uns andere besser kennen und werden uns mehr Vertrauen schenken, indem wir uns ihnen gegenüber offen und authentisch zeigen.

Personen, deren blinder Fleck die größte Fläche einnimmt, gelten als der sprichwörtliche „Elefant im Porzellanladen". Ihnen fehlt in einem auffällig starkem Maß das Bewusstsein dafür, was ihre Haltungen und ihr Verhalten bei anderen auslösen, wie sie damit auf andere wirken. Was für andere, die das Ganze beobachten, glasklar und offensichtlich ist – und auch für Personen, die unter diesen, oft schwierigen Mitmenschen leiden – ist ihnen in keiner Weise bewusst. Diese Menschen bitten weder andere um Feedback, noch hören sie zu, wenn es geäußert wird. Sie selbst jedoch äußern anderen gegenüber völlig unaufgefordert Kritik.

Wer Kritik scheut, navigiert ohne ausreichende Daten
Die Bedeutung von Anerkennung und Kritik geht aber noch weit darüber hinaus. Stellen Sie sich vor, Sie sind der Kapitän eines Schiffes. Es sicher ans Ziel zu bringen, setzt nicht allein Ihre Praxiserfahrung voraus, sondern auch genügend verfügbare aktuelle Daten und Informationen. Verschließen Sie sich den Hinweisen und der Kritik anderer, gehen Sie das Risiko ein, auf der Basis von zu wenig, veralteten oder von unkorrekten Informationen und Daten zu navigieren.

Diesen Fehler beging der erfahrene, damals 59-jährige Kapitän John Edward Smith im April 1912. Am 10. April 1912 verlässt die „Titanic" Southhampton. Bereits hier entgeht sie knapp einer Kollision mit dem Dampfer „New York". Zu den Prominenten an Bord zählten unter anderem Sir Bruce Ismay, der Eigentümer des Schifffahrtsunternehmens White Star, zu deren Schiffen die „Titanic" zählte, und Thomas Andrews, der Erbauer der „Titanic".

Der tragische 14. April 1912 war ein Sonntag. Um 9 Uhr morgens erreichte die Titanic von der „Caronia" ein Funkspruch, in dem vor Packeis und Eisbergen gewarnt wurde. Diese Nachricht wurde auf die Kommandobrücke gesandt, vom vierten Offizier in der Karte eingezeichnet und im Wachraum hinterlegt. Um 11.40 Uhr ging der nächste warnende Funkspruch von der „Noordam" ein. Um 13.42 Uhr kam ein ähnlicher Funkspruch von der „Baltic", wenige Minuten später von der „Amerika". Der Funkspruch der „Baltic" wurde Kapitän Smith, der gerade beim Mittagessen war, gebracht. Er zeigte ihn Sir Bruce Ismay. Dieser steckte das Papier kommentarlos ein. Zuvor zeigte er es allerdings noch zwei Damen am Tisch, die, wie sie später aussagten, sehr beeindruckt waren von den gemeldeten Eisbergen und großen Eisfeldern. Erst um 19.15 Uhr verlangte Kapitän Smith die Meldung der „Baltic" von Ismay zurück und brachte sie in den Wachraum.

Zwei weitere Warnungen erreichten die „Titanic" über Funk um 21.40 Uhr von der „MESABA" und um 23.00 Uhr von der „California". Zur Kollision mit dem Eisberg kam es um 23.40 Uhr.

Übrigens: Es fehlte an Bord ein Regelwerk für den Umgang mit Funk. Dies war seinerzeit ein neuer Kommunikationskanal. Das Funkgerät an Bord wurde primär für private Zwecke genutzt.

Erinnert auch Sie das an die Anfänge der E-Mail?

Die Rolle des oben erwähnten Kapitäns spielen Sie, wann immer Sie Verantwortung tragen, sei es innerhalb Ihre Familie, innerhalb eines Vereins, für Menschen in Ihrem beruflichen Verantwortungsbereich oder in Ihrem privaten Umfeld, für das von Ihrem Unternehmen hergestellte Produkt, die zu erbringende Dienstleistung und so weiter.

Beleuchten wir zunächst die Verantwortung, die Sie für andere Menschen tragen, näher. Jack Welch, einer der herausragenden Unternehmenslenker der 90er Jahre, ist bekannt für seine Härte. Aber selbst so ein „harter Bursche" gesteht in seinem Buch „Winning", wie sehr er es fürchtete, die Leistungen seiner Mitarbeiter zu kritisieren. Dennoch hält er dies für eine der wichtigsten Fertigkeiten einer Führungskraft: „Manch einer hält das für grausam oder brutal. ... Das Gegenteil ist der Fall. Brutal ist es, wenn man die Leute um sich herum zu wenig unterstützt, weiter zu kommen und persönlich zu wachsen. Was soll es Grausameres geben, als abzuwarten und einem Menschen viel zu spät mitzuteilen, dass er bei Ihnen keinerlei Karriere machen wird?"

Darüber hinaus betont Jack Welch, dass Anerkennung zum Aufbau von Vertrauen gebraucht wird. Er lobt den festen Glauben seiner Mutter an ihn: „Wahrscheinlich bestand ihr größtes Geschenk an mich darin, mir das notwendige Selbstvertrauen zu geben. Und genau das ist es, wonach ich bei jedem meiner Mitarbeiter suche und bemüht bin, es aufzubauen und zu unterstützen. Über dieses Vertrauen entwickeln sie Mut und erweitern ihre Reichweite. Sie nehmen größere Risiken auf sich und erreichen weit mehr, als sie jemals für möglich hielten. In anderen Selbstvertrauen aufzubauen, macht einen gewaltigen Teil guter Führung aus."

Lassen Sie uns den letzten Satz aufgreifen und ihn über die Führung von Arbeitsgruppen, Abteilungen und ganzer Unternehmen hinaus ausweiten: „In anderen Selbstvertrauen aufzubauen, macht einen gewaltigen Teil guter Erziehung aus." Mit meiner über fünfundzwanzigjährigen Erfahrung als Mutter, der noch etwas längeren als Dozentin und natürlich als Führungskraft und Business Caoch unterschreibe ich diesen Satz sofort.

Zurück zur Rolle des Kapitäns. Prüfen Sie, inwieweit Anerkennung und Kritik Sie persönlich dabei unterstützen, Ihr Produkt, Ihre Dienstleistung oder Ihre Beziehungen zu anderen zu optimieren. Wie Auftraggeber das Ergebnis Ihrer Arbeit beurteilen, wie sie die Wertschöpfung, die Sie aus ihrer Perspektive für sie erbracht haben, ein- und wertschätzen, unterstützt Sie in hervorragender Weise dabei, Ihr Angebot noch besser auf die Bedürfnisse Ihrer Zielgruppe zuzuschneiden. „Einzigartige Werte mit dem Kunden gemeinsam schaffen", so brachte es der strategische Denker C. K. Prahalad im Untertitel seines Buches „Die Zukunft des Wettbewerbs" auf den Punkt. Insofern wurde mit virtuellen sozialen Netzwerken eine Tür für „Marktforschung frei Haus" aufgestoßen, von der wir in der Zeit vor dem Internet nur träumen konnten.

Lassen Sie uns daher Online-Foren begrüßen, die es sich zum Ziel setzen, eine „Sprich-es-aus- Kultur" zu etablieren, in der jeder ermutigt wird zu sagen, was er denkt und welche Wege er sieht, Missstände zu beseitigen, Dinge zu bewegen, Veränderungen anzustoßen und umzusetzen, um Fortschritte zu erzielen. Der Zweck dieser Foren sollte darin bestehen,

▶   Informationen zu erhalten. Dies wiederum gibt jedem das Gefühl von Zugehörigkeit und Erfolg;

▶   die für großartige Leistungen erforderliche Atmosphäre zu schaffen: Eine Gruppe kann zusammen mehr und bessere Ideen produzieren als ein Einzelner. (siehe auch Kapitel 7 Gruppenintelligenz nutzen)

Damit solche Online-Foren jedoch diesem Ziel dienen, statt vorrangig dem, Frust abzulassen oder diesen bei anderen auszulösen, erscheint es sinnvoll, sich – analog zu Debatten – auf „Spielregeln" oder ein Regelwerk (auch „Policy" genannt) zu verständigen, an die sich alle Teilnehmer halten. Ein Fundament, wenn es um Anerkennung und Kritik geht, könnten folgende Prämissen bilden:

▶ Sowohl Anerkennung als auch Kritik gehen von realen Daten und Fakten aus oder beziehen sich auf ein konkretes Verhalten, das derjenige, der sich äußert, selbst miterlebt hat. Hörensagen, Vermutungen, Gerüchte oder Falschmeldungen bleiben außen vor.

▶ Das öffentliche Zurschaustellen einer peinlichen oder unangenehmen Situation, in die eine Person geraten ist, hat zu unterbleiben. Gleiches gilt für sehr persönliche Angelegenheiten aus der Privatsphäre. Im Internet publizierte Videos bieten mitunter haarsträubende Inhalte.

▶ Der Fokus bei Kritik ist auf Verbesserung gerichtet statt auf Vorwurf.

Gelungene Kritik ist immer auch das Bemühen um einen Dialog.
Auf den Kritiker als Scharfrichter können wir verzichten.
Hendrik Schmidt, deutscher Medienpublizist

▶ Anerkennung und Kritik sollen der Person, an die sie gerichtet ist, helfen, besser zu werden. Damit das gelingt, ist eine Rückmeldung so zu vermitteln, dass der Empfänger
  – versteht, worum es geht, und
  – in der Lage ist zu akzeptieren, was kommuniziert wurde.

Was unsere Epoche kennzeichnet, ist die Angst,
für dumm zu gelten, wenn man etwas lobt,
und für gescheit zu gelten, wenn man etwas tadelt.
Jean Cocteau, französischer Dichter, Maler und Filmregisseur

Diese Rückmeldungen, oft auch als Feedback bezeichnet, sind etwas sehr Wertvolles, selbst dann, wenn sie kritisch ausfallen. Dies jedoch setzt voraus, dass sie in adäquater Art und Weise gegeben werden. Ansonsten wirken sie kontraproduktiv oder bewirken primär, andere persönlich zu verletzen. Sicher sind Ihnen Formulierungen wie die Folgende in diesem Zusammenhang geläufig:

... zur Schnecke gemacht!

... in die Mangel genommen.

... mal ordentlich den Kopf gewaschen.

... mal zeigen, was eine Harke ist.

... den Marsch geblasen.

... die Leviten lesen.

... ihm/ihr zeigen, wer hier der Herr im Hause ist.

Sie sind Ausdruck dessen, was es zu vermeiden gilt. Leider haben sie dennoch längst ins Web 2.0 Einzug gehalten.

Als Christian Kortmann 2007 in der Online-Ausgabe der Süddeutschen Zeitung die Medienberichterstattung über das von Apple-Unternehmer Steve Jobs vorgestellte iPhone kritisierte, erntete er dafür Rückmeldungen wie diese:
Er wurde als ein „unter Drogen stehender Schreiberling" bezeichnet, der „sabbernd" und „kreischend" „Müll" und „Schwachsinn" veröffentlicht.

Als Antwort auf einen Video-Weblog des „Zeit"-Feuilletonchefs Jens Jessen wurde ihm der Tod gewünscht und Gewalt angedroht.

Als Alan Posener, ein britisch-deutscher Journalist, auf seinem Blog das Gefangenenlager Guantánamo verteidigte, wünschte ihm eine Kommentatorin die Folter an die Genitalien.

Als Kommentar zu einer Rede von Frau Dr. Ursula von der Leyen im Bundestag finden sich auf YouTube folgende Kommentare:

> Hoffentliche hat das alte Bonzen-Karnickel mit ihren Tausend Internatskin-
> dern und deren Ballettscheiss nach der nächsten Wahl ausgeschissen!
> CDU sollte sich mal wieder für die Hexenverbrennung einsetzen ekelhafte,
> eiskalte nutte.

Wohin es führen kann, wenn entweder ein Regelwerk oder eine professionel-
le Moderation fehlt, wenn Konflikte angeheizt und brutal ausgetragen werden,
haben auch Ereignisse im Frühjahr 2011 rund um die Webseite www.isharegos-
sip.com vor Augen geführt. Diese Plattform bietet Chatrooms, gegliedert nach
Schulen aus dem gesamten Bundesgebiet. Hier können Schüler anonym Kommentare über ihre Mitschüler abgeben. Eine 18-jährige Schülerin war über län-
gere Zeit widerlich beleidigt worden. Dutzende von Schülern hatten sich daran beteiligt. Als ein 17-Jähriger diesen Streit in einem persönlichen Gespräch
von Angesicht zu Angesicht schlichten wollte, prügelten ihn rund 20 Jugendliche bewusstlos. Dies ist nur ein Beispiel für Cyber-Mobbing. Recherchiert man
dieses Stichwort bei Google oder bei Amazon, findet man Literatur, Studien und
Bücher dazu in großer Zahl.

Wie lässt sich diese verbale Verrohung umkehren in einen respektvolleren Umgang miteinander? Welche Rolle spielen dabei Elternhaus, Schule und der all-
tägliche Umgang miteinander von Angesicht zu Angesicht? Welche Rolle spielen dabei die „klassischen" Medien? Inwieweit sind sich Akteure, die uns täglich am Fernseher oder in der gedruckten Presse begegnen, ihrer Verantwortung
bewusst?

Am 14. Juni 2011 haben Hacker die Webseite www.isharegossip.com gekapert.
Auf der Startseite forderten sie Administratoren, Organisatoren und Moderatoren auf, sich innerhalb einer Woche bei der Polizei zu melden. Ansonsten
drohten sie, alle Daten zu veröffentlichen. „Dann können sich die Opfer gleich
persönlich bedanken kommen", war zu lesen. Die Generalstaatsanwaltschaft in
Frankfurt am Main, die seit Januar 2011 unter anderem wegen übler Nachre-
de und Beleidigung sowohl gegen die Betreiber ermittelt als auch in den insgesamt rund 60 Verfahren auch gegen Nutzer, ist an den Daten interessiert. Soll-

ten die Hacker tatsächlich über „Mails, Zugangsdaten und Namen" verfügen, wie sie selbst behaupten, wären nicht nur die Betreiber, sondern darüber hinaus auch die Nutzer enttarnt. Soweit ein kleiner Exkurs zum Thema Datensicherheit im Internet.

Was ist zu tun?

▶ Gute Rückmeldungen sind solche, die beschreiben, statt zu werten.

▶ Eine gute Rückmeldungen fokussiert auf zu beobachtendem Verhalten und Fakten. Beschreiben Sie den Vorgang oder Sachverhalt: Was haben Sie beobachtet und wie haben Sie es empfunden? Oder: Was sind die Fakten und Tatsachen und wie haben diese auf Sie gewirkt? Sie können sowohl Positives als auch Negatives erwähnen.

> *Man kann alles besser machen,*
> *aber deshalb muss man nicht alles schlecht machen.*
> Frank Elstner

▶ Legen Sie objektiv die Konsequenzen oder Folgen dieses Verhaltens dar.

▶ Wenn es um Kritik geht: Bleiben Sie hart in der Sache, nicht jedoch der Person gegenüber! Ihr Ziel besteht schließlich darin, dass Dinge sich zum Besseren wenden. Sehen Sie daher davon ab, eine Person anzugreifen, (vorsätzlich) zu verletzten oder „fertig zu machen".

▶ Geben Sie spezifische statt allgemeine Rückmeldungen. Dazu zwei Beispiele: „Sie schreiben aber merkwürdig" und „Ich verstehe Sie einfach nicht" sind verallgemeinernde und beurteilende Rückmeldungen. Der andere kann nur vermuten, was Sie meinen, und kann dabei irren. „Ihre Texte enthalten viele Rechtschreibfehler." ist eine spezifizierte Rückmeldung. Sie macht es dem Empfänger einfacher, exakt zu wissen, was er ändern soll, statt dies zwischen den Zeilen herauslesen zu müssen.

▶ Sprechen Sie den Empfänger direkt an (Du/Sie). Vermeiden Sie „man"– Aussagen.

▶ Gute Kritik fokussiert auf Verhalten und Eigenschaften, an denen man arbeiten kann. Wir vergrößern die Frustration des Kritisierten, wenn wir ihn auf Makel ansprechen, an denen er/sie nichts ändern kann (blaue statt braune Augen; klein statt groß; Herkunft, Alter und so weiter).

Was dagegen ist unbedingt zu lassen?

▶ Wertungen von Personen, jegliches Abstempeln oder Schubladendenken sowie Vermutungen zum Motiv sind komplett fehl am Platz. Weit besser, als Ihre Bemerkungen an einen bestimmten Typ von Person zu richten, für den Sie den anderen halten (oder als den Sie den anderen gedanklich „eingeordnet" haben), ist es, sich darauf zu beziehen, was die Person getan hat beziehungsweise aktuell tut. Und damit ist das gemeint, was Sie aktuell von der Tätigkeit der Person sehen und hören können.

Einige Beispiele „wie man es nicht tun sollte", und mögliche Folgen

Elke Heidenreich bezeichnete den (seinerzeit) 58-jährigen Thomas Gottschalk als „müden, alten Mann". Er konterte: „Goethe hat in meinem Alter beruflich und privat noch voll auf den Putz gehauen." Für eine kurz darauf durch Elke Heidenreich erfolgte Einladung in ihre Buchsendung erntete sie von Thomas Gottschalk einen Korb.

Jürgen Schrempp, von 1995 bis 2005 Vorstandsvorsitzender der Daimler AG (früher Daimler & Chrysler), hat sich in einem Rechtsstreit gegen Jürgen Grässlin durchgesetzt. Dieser hatte behauptet, Schrempp sei im Juli 2005 zum Rücktritt gedrängt worden und seine Geschäfte seien wohl „nicht immer so sauber" gewesen.
Nach Ansicht der Richter konnte Grässlin in seinen Aussagen keine hinreichenden Tatsachen aufführen.

Regelwidrige Kritik verhalf Betrügern auf Ebay, noch mehr Opfer zu schädigen:

Ein Händler bot auf Ebay Notebooks und Kameras an. Nach den ersten verkauften Artikeln bekam er positive Rückmeldungen. Dann bot er plötzlich deutlich teurere Produkte an, darunter Notebooks, Mobiltelefone und Digitalkameras, und zwar gegen Vorkasse. Diese wurden aber, nach erfolgter Bestellung, niemals geliefert. Die Opfer wehrten sich. Um darüber hinaus andere vor Geschäften dieser Art zu warnen, gaben sie negative Bewertungen ab. Statt dabei aber die genauen Fakten zu benennen, wie dieser Händler mit ihnen umgegangen ist, bezeichneten sie ihn als „Betrüger". Ähnliches geschah mit einem weiteren Händler auf Ebay, der als „Straftäter" bezeichnet wurde. Die Ebay-Regeln für Kritik jedoch schließen solche Begriffe und Wertungen aus. Bewertungen dieser Art werden gelöscht. Da konkrete Fakten fehlten, fielen beiden Händlern weitere Besteller zum Opfer.

Kurt Beck warf dem Fürstentum Liechtenstein „Raubrittertum" vor. Daraufhin wettern die Liechtensteiner über die „deutsch-teutonische Ausdrucksweise". (Die Welt)

„Beck entwickelt sich immer mehr zum Mecker-Beck"
Zitat Ronald Pofalla, CDU-Generalsekretär, Die Welt 12.0.6.2007

Sächsische Zeitung 22./23.09.2007:
SPD-Innnenpolitiker Fritz Rudolf Körper wirft Innenminister Wolfgang Schäuble im Bundestag vor, er verbreite „Terrorwarnungen aus Langeweile":

„Freitagabend scheint Sie die Sorge zu befallen, was Sie mit dem bevorstehenden Wochenende machen sollen."

Gesine Lötzsch zum Maikrawall 2010 im Deutschen Bundestag „Zum Zweiten habe ich nach den Beiträgen von CDU und FDP den Eindruck, dass nicht nur der Bild-Zeitung, sondern auch einigen politischen Vertretern diese Unruhen und Krawalle wie gerufen kommen."

Das ist eine Aussage, die bei Rückmeldungen unbedingt zu lassen ist. Weiß es die Politikerin nicht besser oder äußert sie es vorsätzlich? Ich bin unsicher, welche Antwort die bessere ist.
Die erste ist bei der Anzahl von Rhetorik-Trainern und Kommunikationsberatern, die für Politiker tätig sind, schwer zu glauben.

Horst Köhler begründete seinen Rücktritt im Mai 2010 wie folgt:

„Meine Äußerungen zum Bundeswehreinsatz am 2. Mai dieses Jahres sind auf heftige Kritik gestoßen. Ich bedaure, dass meine Äußerungen in einer für unsere Nation wichtigen und schwierigen Frage zu Missverständnissen führen konnten. Die Kritik geht aber so weit, mir zu unterstellen, ich befürworte Einsätze der Bundeswehr, die vom Grundgesetz nicht gedeckt wären. Diese Kritik entbehrt jeder Rechtfertigung. Sie lässt den notwendigen Respekt vor meinem Amt vermissen."

Claudia Roth und Cem Özdemir sagten dazu: „Köhlers Rücktritt lasse sich nur mit einer allgemeinen Amtsmüdigkeit erklären."

Hier wird ihm ein Motiv für sein Handeln unterstellt, ein klarer Verstoß in Sachen professioneller Kritik. Machen Sie es besser.

Das Echo auf den Rücktritt von Horst Köhler ist ein Paradebeispiel und ließe sich noch lange fortsetzen. Lassen Sie uns zum Abschluss noch zwei Meinungen betrachten:

In einem Artikel der Welt vom 02.06.2010 äußert sich Jaques Schuster: „Was ist das für ein Amtsverständnis, das die kleinste Mäkelei sofort in eine Majestätsbeleidigung verwandelt, der nur durch Rücktritt zu begegnen sei."

Daniel Friedrich Sturm schreibt in der Welt vom 01.06.2010: „Gehört Kritik nicht zur Auseinandersetzung im politischen Berlin?"
Ich sage: Jawohl, jedoch *wie* Kritik geäußert wird, ist der Punkt!

▶ Vermeiden Sie verallgemeinernde Formulierungen wie „immer", „immer wieder", „nie", „ständig", „alles", „total daneben" und so weiter.

▶ Dosieren Sie Ihre Kritik. Viel hilft nicht viel, sondern entmutigt Ihr Gegenüber.

Die Kritik gleicht einer Bürste.
Bei allzu leichten Stoffen darf man sie nicht verwenden,
sonst bliebe nichts mehr übrig.
Honoré de Balzac

▶ Unterlassen Sie es, irgendwelche Vorgänge aus der Vergangenheit „hervorzukramen" oder „neu aufzuwärmen".

▶ Vermeiden Sie Hörensagen, Gerüchte und Vermutungen. Äußern Sie sich auf Grundlage Ihrer eigenen Daten und Erfahrungen.

Seien Sie darauf gefasst, dass selbst eine sachlich und fair geäußerte Kritik nicht zur gewünschten Veränderung beim Gegenüber führt. Kritik dient nicht allein dazu, den Kritisierten zu Veränderungen zu bewegen, sondern auch dazu, ihm mitzuteilen, wie sein Verhalten auf uns wirkt. Eine kritische Rückmeldung lohnt sich also auch dann, wenn wir befürchten müssen, dass der andere sich ohnehin nicht ändern wird. Schließlich wissen wir, dass es unmöglich ist, andere Menschen gegen ihren Willen zu verändern. *Kritik ist* vielmehr *eine Einladung zur Veränderung.* Es liegt in der Hand des anderen, ob er sie annimmt oder nicht.

11. Verständlichkeit und respektvoller Umgang

Wer nicht geradeaus schreiben kann, kann der geradeaus denken?
Wer nicht geradeaus denken kann – wozu ist der imstande?
Nichts hat die Sprache im Zeitalter von Computer
und der Atomraketen eingebüßt von ihrem überragenden Rang.
Wolf Schneider

Lassen Sie uns zwei wesentliche, bisher gewonnene Erkenntnisse in Erinnerung rufen:

▶ Inhalt besitzt eine Schlüsselfunktion im Web 2.0 Wem es gelingt, die Inhalte aufzugreifen, nach denen die jeweilige Zielgruppe dürstet, gewinnt Vorsprung.

▶ Die zunehmende Reiz- und Informationsüberflutung macht es schwieriger, seine Zielgruppe durch den hohen „Rauschpegel" hindurch zu erreichen.

Was aber, wenn es Ihnen gelungen ist, beide Hürden erfolgreich zu meistern, Sie dann aber sprachlich, stilistisch oder in Sachen Verständlichkeit scheitern oder spürbare Schwächen zeigen und Ihre Botschaft entweder Ihre Wirkung verfehlt oder Ihre Zielgruppe enttäuscht? Um dem vorzubeugen, prüfen Sie, inwieweit es zielführend ist, sorgfältig mit der Sprache umzugehen. Schneiden Sie diese möglichst passgenau auf Ihre Zielgruppe zu. Das trifft weniger für private virtuelle Foren zu als vielmehr für geschäftlich und beruflich ausgerichtete. Bedenken Sie:

Unsere Sprache ist Ausdruck der Wertschätzung sowohl dem jeweiligen Sachverhalt als auch der anderen Person gegenüber. Wie treffsicher und gewandt wir mit dem gesprochenen und geschriebenen Wort umzugehen verstehen, kommt einer persönlichen Visitenkarte gleich. Dazu ein Beispiel:

> Fritz Kuhn B90/Grüne, in der Bundestagsdebatte zum Euro-Rettungsschirm: „Wir finden gut, dass im Haushaltsausschuss die reine Unterrichtungspflicht in eine Einvernehmensbemühung umverwandelt worden ist. Das teilen wir ausdrücklich. Deswegen haben wir da mitgewirkt."

Hier einige Tipps:

▶ Verfassen Sie Ihren Text in korrekter Orthografie. Sehen Sie davon ab, alles in Kleinbuchstaben zu verfassen. Warum? Wenn wir lesen, dann tun wir das nicht Buchstabe für Buchstabe, sondern wir lesen Worte als „Bilder". Fehlerhafte Bilder wahrzunehmen und zu erkennen, kostet uns mehr Zeit.

▶ Vorsicht ist angesagt bei Fremdwörtern, Abkürzungen und Fachtermini, Letztere sowohl in Deutsch, Latein, Englisch als auch in anderen Sprachen. Verwenden Sie diese am besten nur dann, wenn Sie sicher sein können, der oder die anderen können damit etwas anfangen.

▶ Meiden Sie, wo immer es geht, sogenannte „denglische" Begriffe.

▶ Lassen Sie Sorgfalt walten, wenn es um Einzahl und Mehrzahl geht[47]. Sonst kann es passieren, dass noch mehr Mediziner ein Antibiotika verordnen, dass der Reisende sich um sein eigenes Visa und um die Visas seiner Mitreisenden kümmert, der Praktikant vom Praktika schwärmt und IT-Fachleute unsicher werden, wenn es um die Mehrzahl von Status und Modus geht.

▶ Sehen Sie ab von Tautologien: „Die winzige Nuance" drückt nicht mehr aus, als „Nuance" allein es bereits vermag.

▶ Streichen Sie Füllworte (gar, ja, nun) und sogenannte Weichmacher, wie zum Beispiel „eventuell" und „eigentlich".

▶ Sehen Sie davon ab, Verben zu substantivieren. Verben sind Königsworte.

▶ Bevorzugen Sie es, im Aktiv zu schreiben statt im Passiv.

▶ Schreiben Sie direktiv. Das bedeutet auszudrücken, was Sie wollen statt was Sie nicht wollen. Beispiel: „Bitte sei pünktlich" wird einfacher verstanden als „Bitte komm nicht zu spät". Noch schlimmer jedoch wäre: „Bitte komm nicht wieder zu spät.", denn hierin steckt ein Vorwurf. Noch schwerer verständlich werden dann Satzteile wie: „Es ist nicht unumstritten." Warum einfach, wenn es auch kompliziert geht?

▶ Vermeiden Sie Schachtelsätze. Kurze Sätze mit bis zu acht Worten sind sehr schnell wahrzunehmen und zu verstehen.

▶ Unterlassen Sie Schuldzuweisungen, Beschuldigungen, Befehle, ironische und sarkastische Äußerungen.

▶ Trennen Sie grundsätzlich den Sachverhalt von der Person.

▶ Überzeugen Sie mit Ihrer Sprache, Ihrer Kompetenz und mit Ihren Umgangsformen statt mit falschen Superlativen. Denken Sie daran, wenn Sie oder Ihr Werbetexter auf die Idee kommen, „aktuell", „optimal", „einzig" und so weiter, steigern zu wollen.

Was halten Sie zum Abschluss von folgendem Vorschlag? Lassen Sie uns gemeinsam mehr Humor, Freude, Optimismus und positive Energie ins Web 2.0 bringen. Ich bin sicher, jeder Einzelne von uns verfügt entweder über Expertenwissen oder über Lebenserfahrungen, die für andere aktuell sehr wertvoll sein können. Virtuelle soziale Netzwerke sind für Synergien dieser Art perfekt geeignet. Wäre das nicht eine gelungene Alternative zu den unzähligen Negativschlagzeilen und Katastrophenmeldungen, die uns täglich erreichen? Das Leben ist meiner Erfahrung nach weit schöner und lebenswerter, als es uns klassische Massenmedien, wie Fernsehen, Rundfunk und Tagespresse darstellen. Ja, ich weiß: Schlechte Nachrichten verkaufen sich besser. Aber gute machen uns glücklich und bringen uns mehr Lebensqualität.

> *Halte dir jeden Tag dreißig Minuten für deine Sorgen frei,*
> *und in dieser Zeit halte ein Nickerchen.*
> Abraham Lincoln

Glossar

Blog, das oder auch der
[Kurzform von Weblog: Web bedeutet Internet, Log ist von Log(buch) abgeleitet]:
Ein im Internet geführtes Tagebuch. Blogs verfügen oft über eine Kommentarfunktion, die es Lesern ermöglicht, ihrerseits einen Eintrag zu verfassen und mit dem Autor (Blogger) oder anderen Lesern zu kommunizieren.

bloggen
An einem Blog mitschreiben.

Blogger
Ein im Blog Schreibender.

Bloggerin
Eine im Blog Schreibende.

Botnetze/Botnet
Dies ist ein Begriff aus dem Bereich Internetkriminalität. Botnetze sind Netzwerke aus (mitunter mehreren Hundert) Computern, die von Hackern aufgebaut werden, ohne dass die Rechner ihnen gehören. Wird Ihr Rechner von einem Schadprogramm (Virus, Wurm, Trojaner) infiziert, kann er, ohne dass Sie es bemerken, Teil eines sogenannten Bot-Netzes werden. Ein Bot ist ein Programm, das ferngesteuert arbeitet.
Geht der Nutzer des Rechners online, wird er im Botnetz angemeldet. Von dort erhält er Befehle der Hacker, die dann auf den befallenen Rechnern ausgeführt werden. Das alles geschieht für den Nutzer unbemerkt. Meist werden Bot-Netze dazu missbraucht, Spam (unerwünschte Werbe-E-Mails) oder Viren zu versenden.

B2C
[Business-to-Consumer]
Beschreibt die Handelsbeziehung zwischen einem Anbieter/ Hersteller/Händler
und dem (meist privaten) Endverbraucher (Konsumenten).

B2G
[Business-to-Government]
Geschäftsbeziehungen zwischen der öffentlichen Hand und Unternehmen, so
zum Beispiel bei der Beschaffung oder im Rahmen von Ausschreibungen.

Chat
[chat (englisch) = plaudern, sich locker unterhalten]
Eine über das Internet geführte Plauderei.

Chatroom
[chat (englisch) = plaudern, sich locker unterhalten, room (englisch) = Raum]
Ein Chatroom ist eine Art „Plauderecke", eine (virtuelle) Umgebung, in der
Teilnehmer eines Chats sich treffen. Meist „betreten" sie den Chatroom über
individuelle Zugangsdaten, wie zum Beispiel ein Passwort.

CI
[Corporate Identity]
Begriff aus dem Marketing, der das äußere Erscheinungsbild eines Unternehmens definiert. Dazu zählen zum Beispiel Farben, Logo, bestimmte Schriftzüge
und so weiter. Um einen Wiedererkennungseffekt zu erreichen, werden Briefpa-
pier, Visitenkarten, Prospekte, Messestände, Werbeartikel, Webseiten bei ihrer
Gestaltung an der CI ausgerichtet.

Client
Software, die Daten oder Anwendungen von einem Server anfordert.

Community
[Community = Gemeinschaft] Eine Community ist eine virtuelle Gemeinschaft
von Internet-Nutzern. Meist verbindet sie ein gemeinsames Interessengebiet

oder Hobby. Die Mitglieder der Community führen über das Internet einen Gedankenaustausch, bringen sowohl ihre Fragen als auch ihr Wissen in die Community ein. Sie nutzen dazu Newsgroups, Chats, Diskussionsforen, Mail-Listen, Weblogs oder Vlogs.

CRM
[Customer Relationship Management = Kunden-Beziehungs-Management] CRM ist ein ganzheitlicher Ansatz zur kundenorientierten Unternehmensführung.

Datenschutz
Schutz des Einzelnen vor dem Missbrauch personenbezogener Daten. Es geht darum, zu vermeiden, dass Personen durch den Umgang mit ihren personenbezogenen Daten in ihrem Recht auf informationelle Selbstbestimmung beeinträchtigt werden.

Debatte
Eine Debatte (französisch: débattre: (nieder-)schlagen) ist ein Streitgespräch auf gehobenem Niveau (www.wikipedia.de).

Dialog
Dialog stammt ab von zwei griechischen Wörtern: „dia", was „fließen", und „logos", was „Meinung" bedeutet. Es ist der freie Fluss von Ideen und Meinungen, der die Bedingungen schafft, dass neue Gedanken und Ideen geboren werden.

Didaktik
Didaktik (von griechisch: didáskein = „lehren") umfasst Fertigkeiten, pädagogisch klug, nachhaltig und motivierend zu lehren, so dass alle Beteiligten sich mit Freude einbringen.

Diskussion
Die Wurzel des Wortes „Diskussion" (lateinisch „discussi", „discutio" = 1. zerschlagen, zertrümmern, 2. abschütteln, 3. (gerichtlich) prüfen, untersuchen,

verhören) ist dieselbe wie die von „Schlag" und „Erschütterung". Leider lösen viele Diskussionen Bilder vom „aneinander- geraten oder „zusammenstoßen" aus. Eine Diskussion ist ein Gespräch zwischen zwei oder mehreren Personen (Diskutanten), die sich über ein oder mehrere Themen AUSTAUSCHEN. Jede Seite trägt dabei ihre Argumente vor. Die Beteiligten hören einander zu.

E-Book
[Elektronisches Buch]
Publikation auf einem elektronischen Speichermedium.

E-Business
[Electronic Business = Elektronische Geschäfte]
Begriff für elektronische Geschäftsprozesse. Aufgrund der aktuell rasant zunehmenden Elektronisierung von Geschäftsabläufen darf angenommen werden, dass das vorgesetzte „E-" bald seine Bedeutung zur Kennzeichnung eines besonderen Business verliert. Wie selbstverständlich werden Geschäftsprozesse – bis auf wenige Ausnahmen – elektronisch unterstützt.

E-Commerce
[Electronic Commerce = Elektronischer Handel]
Der wohl am weitesten verbreitete Begriff für den elektronischen Handel und damit eine von vielen Facetten des E-Business.

E-Government
[Electronic Government = Elektronische Behörde]
Auch im Zusammenhang mit dem Begriff „digitales" oder „virtuelles Rathaus" gebraucht. Verlegung standardisierter Informations- und Verwaltungsdienstleistungen, wie zum Beispiel Führerscheinantrag, Anmeldungen im Zusammenhang mit einem Wohnortwechsel und so weiter in das Internet.

Emoticon
Wort-Konstrukt aus den englischen Begriffen „emotion" = Emotion und „icon" = Symbol oder Zeichen. Ist umgangssprachlich auch als „Smilies" bekannt. Kann in der privaten Kommunikation (zum Beispiel beim Chatten oder in

E-Mails) zusätzlich zum geschriebenen Wort die Gefühlslage des Autors und damit eventuell den tieferen Sinn einer Aussage, zum Beispiel Lachen :-D , Augenzwinkern ;-) , Verwunderung :-() unterstreichen.

E-Zine
Kurzform von „Electronic Magazine". Das internetbasierte Pendant zu klassischen Zeitschriften und Magazinen.

Facebook
Zählt zu den größten und populärsten virtuellen sozialen Netzwerken. Mark Zuckerberg gründete das Unternehmen 2004. Seit 2008 ist Facebook auch in deutscher Sprache verfügbar.

Fake
[Fake (englisch) = Fälschung (deutsch)]
Der oder das Fake ist der US-amerikanische Jargon-Begriff für eine Fälschung, ein Imitat, einen Schwindel oder einen Betrug. Ein Faker ist eine Person, die in Internetforen Unwahrheiten verbreitet. Besondere Vorsicht ist geboten, wenn jemand seinen Beitrag im Netz mit dem Namen „Bernd" unterschreibt. Das kann bereits ein Hinweis darauf sein, davon abzusehen, diesen Beitrag für bare Münze zu nehmen.

FAQ
[Frequently Asked Questions = Häufig gestellte Fragen]
Auflistung von häufig gestellten Fragen und deren Antworten zu einem bestimmten Thema.

Feed
[Einspeisung]
Im Web 2.0 können Nachrichten (Newsfeed), Videos und so weiter auf Plattformen eingespeist werden.

Feedback
Eine Rückmeldung in Form von Anerkennung oder Kritik.

Firewall

Ein Rechner, der als elektronische Sicherheitsbarriere für das Netzwerk einer Organisation wirkt. Firewalls werden beispielsweise von Firmen oder Organisationen genutzt, um den angeschlossenen Rechnern den Zugang auf das Internet zu erlauben, das Netz aber komplett vor Zugriffen aus dem Internet abzuschirmen.

Flickr

[to flick through something (englisch) = „etwas durchblättern"]

Ist ein kommerzielles Web-Dienstleistungsportal mit Community-Elementen, das es Benutzern erlaubt, digitale und digitalisierte Bilder sowie Videos mit Kommentaren und Notizen auf die Website zu laden und so anderen Nutzern zur Verfügung zu stellen (Zitat Wikipedia). Flickr wurde von einem 2002 in Kanada gegründeten Unternehmen Ludicorp, mit Sitz in Vancouver, gegründet. Im März 2005 wurden Flickr und Ludicorp von Yahoo gekauft. Seit Sommer 2007 ist Flickr auf Deutsch verfügbar.

Follower

(To follow (englisch) = folgen)

Personen oder Twitter-Accounts, die Ihnen auf Twitter folgen, das heißt, die sich für Ihre Kurzmeldungen interessieren.

Foursquare

ist ein GPS-basiertes soziales Netzwerk und Empfehlungsportal. Nutzer checken, primär über ihr Mobiltelefon, ein. Damit kennen Freunde ihren Standort. Sie können Textnachrichten austauschen, zum Beispiel Empfehlungen aussprechen zu Läden oder Restaurants in der jeweiligen Umgebung. Andererseits haben sie Zugriff auf solche Empfehlungen, die andere eingecheckte Nutzer abgegeben haben.

Google Alerts

Sind (laut Google-Webseite) E-Mails, die automatisch an Sie versendet werden, wenn neue Google-Ergebnisse vorliegen, beispielsweise Webseiten, Zeitungsartikel oder Blogs, die Ihrem Suchbegriff entsprechen. Mit Google Alerts können Sie praktisch alles im Web verfolgen, was ein Sie interessierendes Thema betrifft. Sie können mit Google Alerts beispielsweise herausfinden, was über Sie persönlich, über Prominente, über Ihr Unternehmen oder Produkt gesagt wird, sich über einen Konkurrenten oder eine Branche auf dem Laufenden halten, Nachrichten verfolgen und so weiter.

Hacker
[To hack (englisch) = Einhacken]
Der Begriff leitet sich vom englischen „to hack" (dem „Einhacken" von Begriffen auf der Tastatur) ab und bezeichnet in der Regel „Computerfreaks", zunehmend aber auch Kriminelle, die es versuchen und denen es gelingt, sich Zugang in fremde Computersysteme zu verschaffen.

HTML
[Hypertext Markup Language]
Dateiformat für Webseiten oder auch E-Mails. HTML ist eine Auszeichnungssprache (Markup Language). Sie hat die Aufgabe, die logischen Bestandteile eines Dokuments zu beschreiben. Der Internet Browser schließlich interpretiert den Quelltext und stellt die Webseite dar. Wichtigste Eigenschaft von HTML sind die Hyperlinks, über die per Anklicken andere Dokumente oder Websites geladen werden.

HTTP
[Hypertext Transfer Protocol]
Übertragungsprotokoll für HTML-Dokumente.

Hyperlink
Eine in Webseiten oder in E-Mails hervorgehobene Stelle, die auf ein anderes Dokument oder eine Sprungmarke im selben Dokument verweist, die per Mausklick geladen wird.

Hypertext
Text, der Verknüpfungen, sogenannte Hyperlinks, auf andere Texte oder Dokumente enthält.

Imageboard

[Image (englisch) = Bild; Board (englisch) = Schwarzes Brett]
Ein Internetforum, meist bestehend aus mehreren Kategorien (schwarze Bretter zu unterschiedlichen Themen), in dem hauptsächlich Bilder ausgetauscht werden und darüber diskutiert wird. Die Beiträge bleiben oft nur über eine kurze Zeit gespeichert.

Instant Messaging

[Instant (englisch) = sofort; Message (englisch) = Nachricht]
Online Kommunikation zwischen zwei oder mehr Personen, bei der eine Nachricht sofort versendet wird. Der Chat ist eine Form von Instant Messaging.

Intranet

Häufig auf dem Protokoll TCP/IP basierendes Unternehmensnetz. Intranets sind oft mit Gateways zum Internet versehen oder mit einem Teil des Internets (Kunden, Lieferanten und so weiter) verbunden.

IP-Adresse

Eindeutige Internet-Protokoll-Adresse eines Rechners oder Webservers. Um die Orientierung zu erleichtern, sind den IP-Adressen von Webservern mit Hilfe des Domain-Name-Service Namen zugeordnet.

Java

Plattformunabhängige, objektorientierte Programmiersprache, die von Sun Microsystems speziell für Internet-Applikationen entwickelt wurde.

JavaScript

JavaScript ist eine von Netscape entwickelte interpretierbare Programmiersprache auf der Grundlage von Java (Sun). Die Skripte können sowohl in Internetseiten als auch in E-Mails eingebunden werden. Der Browser oder E-Mail-Client interpretiert den Programmcode und führt die darin enthaltenen Anweisungen aus. JavaScript kann ein Sicherheitsrisiko darstellen. In der Regel wird es zur Verbesserung des Nutzer-Komforts eingesetzt (zum Beispiel Warenkorbfunktionen, Formular).

JPEG
[Joint Photographic Experts Group]
Stark komprimierendes Dateiformat. Aufgrund der geringen Dateigrößen hat JPEG eine große Bedeutung im World Wide Web gewonnen. Im Gegensatz zu GIF können JPEG-Bilder deutlich mehr als nur 256 Farben enthalten. JPEG ist ein so genanntes Lossy-Verfahren, da bei der Komprimierung der Bilddaten Informationen wegfallen.

Junk-Mail
Alternativer Begriff zu Spam, also unerwünschte Werbe-E-Mails.

Link
Kurzform von Hyperlink.

Linked-In
Ein primär international ausgerichtetes geschäftliches/berufliches Netzwerk mit über 100 Millionen Nutzern. Es wurde 2003 in Kalifornien gegründet. Seit Februar 2009 ist es auch in deutscher Sprache verfügbar.

Logfile
Das Auswerten der Zugriffe auf eine WWW-Präsenz wird „Log-File- Analyse" genannt. Bei jedem Besuch einer Webseite wird der Zugriff in der Server-Statistik mitprotokolliert und in einer „Log-Datei" festgehalten. Dabei werden eine Vielzahl von Detailinformationen zum jeweiligen „Besuch" gespeichert. Diese können – grafisch und numerisch entsprechend aufbereitet – zum Beispiel zur Erfolgsmessung eines Internetangebots, eines E-Mailings oder weiterer Marketingkampagnen statistisch ausgewertet werden oder in anderem Zusammenhang auf sicherheitsrelevante Aktionen bestimmter Benutzer hin durchsucht werden.

My Space
2003 gegründet, zählt es heute zu den bekanntesten Online-Netzwerken. Nutzer können ihr persönliches Profil erstellen. Musiker nutzen es, um ihre Bekanntheit zu erhöhen und erreichen ein breites Publikum.

Mbit/s
[Megabit pro Sekunde]
Einheit für die Geschwindigkeit der Datenübertragung in Computernetzen. 1 Mbit/s entspricht 1.024 Kbit/s.

Mikroblogging
Ist eine Form des Bloggens, bei der die Benutzer kurze (meist weniger als 200 Zeichen) SMS-ähnliche Textnachrichten veröffentlichen. Die einzelnen Beiträge sind entweder privat oder öffentlich zugänglich und werden wie in einem Blog chronologisch dargestellt. Die Nachrichten können meist über verschiedene Kanäle wie SMS, E-Mail, Instant Messaging oder das Web erstellt und abonniert werden. Twitter ist ein populäres Beispiel für Microblogging.

Netiquette
Ein Kunstwort, das die Begriffe „Network" und „Etiquette" in sich vereint. Analog zum „Knigge" handelt es sich um Verhaltensregeln, die als ungeschriebene Gesetze das Miteinander von Online-Nutzern optimieren.

Netzwerk
Als Netzwerk werden ganz allgemein mehrere Computer und Peripheriegeräte bezeichnet, die miteinander verbunden sind und gemeinsame Ressourcen nutzen.

Newsgroup
Diskussionsforen, die sich, thematisch geordnet, mit der gesamten Palette möglicher Informationen beschäftigen können. Anders als bei einer Mailing-Liste werden die Beiträge jedoch nicht an die Abonnenten verschickt, sondern sind im Web zu lesen.

Newsletter
Ein Newsletter ist eine E-Mail mit informativen und/oder werblichen Inhalten an einen größeren Empfängerkreis. Vor dem Versand sollte sich der Absender ausdrücklich das Einverständnis des Empfängers geben lassen. Meist erfolgt dies durch Eintragen der E-Mail-Adresse des potenziellen Empfängers auf der

Homepage des Versenders. Der Bezug von E-Mail-Newslettern kann dabei in der Regel sofort gekündigt werden. Die meisten E-Mail-Newsletter sind kostenfrei.

Nutzer

Umgangssprachliche Bezeichnung für jemanden, der das Internet ganz allgemein oder auch nur bestimmte Leistungen nutzt.

Online-Dienst

Bietet eine Reihe von Dienstleistungen im Online-Bereich an: Den Zugang zum Internet, eine eigene E-Mail-Adresse, die eigene Homepage. Darüber hinaus gibt es Angebote, die nur für Mitglieder zugänglich sind wie Homebanking, Reise- und Nachrichtendienste.

Online-Marketing

Ist ein strategischer Ansatz zum Auf- und Ausbau eines Online-Dialogs mit der Zielgruppe. Es sind zunächst die aktuellen Wünsche, Nöte und Bedürfnisse bestehender und potenzieller Kunden, die es frühzeitig zu erkennen gilt. Daraus ist abzuleiten, wie der Zielgruppe basierend auf den eigenen und verfügbaren Kernkompetenzen geholfen werden kann und/oder der Zielgruppe ein höherwertiger Nutzen oder völlig neuartiger Vorteil generiert werden kann. Diesen dann zu realisieren kann durchaus offline erfolgen. Ziel des Online-Marketing ist die Kundenfindung und –bindung, letztlich unternehmerischer Erfolg auf der Basis von Geschäften mit erfolgreichen, zufriedenen Kunden. Gegenüber dem klassischen Marketing bietet Online-Marketing ein ungleich höheres Maß an Interaktivität, darüber hinaus völlig neuartige Möglichkeiten des Controlling, zum Beispiel im Kampagnenmanagement. Es ist möglich, die Resonanz der Zielgruppe kontinuierlich zu quantifizieren und daraus Optimierungen ungleich kurzfristiger und kostengünstiger als im klassischen Marketing, abzuleiten und umzusetzen. Das Web 2.0 ist ein wesentlicher Baustein im Online-Marketing.

Opt-in-Liste

Liste der E-Mail-Adressen derer, die eingewilligt haben, bestimmte Informationen von Ihnen per E-Mail zu erhalten.

pdf oder PDF

[Portable Document Format] Plattformunabhängiges Dateiformat, das für Online-Veröffentlichungen von Dokumenten sowie als sicheres Format für E-Mail-Anlagen genutzt wird. Der für die Anzeige notwendige Acrobat Reader wird von Adobe kostenlos weitergegeben. Inzwischen gibt es auch den Adobe Writer zum Konvertieren von Word ins PDF-Format kostenlos im Internet zum Download.

Peergroup

Gruppe von etwa Gleichaltrigen oder Interessengruppe.

Als Fachbegriff stammt Peergroup aus der amerikanischen Soziologie und Pädagogik. Ausgangspunkt bilden die Beobachtungen, dass besonders Kinder und Jugendliche sich stärker an Gruppenstandards oder an Menschen ähnlichen Alters orientieren als an den eigenen Eltern. Auch später werden die Ansichten eines Menschen häufig von den Menschen der unmittelbaren Umgebung geprägt. Als Peergroup gelten Gruppen mit Mitgliedern ähnlichen Alters, meist auch ähnlicher sozialer Herkunft und gleichen Geschlechts.

„Peergroups übernehmen bei Kindern und Jugendlichen wichtige Sozialisationsfunktionen und dienen zur Emanzipation vom Elternhaus. Die Jugendlichen „üben" soziale Muster gemeinsam mit ihren Freunden, die meist aus einer Gruppe ähnlichen Alters stammen, erproben untereinander soziale Verhaltensweisen. Peers sind sozusagen ein Spielfeld, auf dem es möglich ist, eigene Grenzen auszutesten, den Umgang mit anderen zu lernen, den Übergang ins Erwachsensein zunächst im geschützten Raum der Freunde zu erfahren. Darüber hinaus dienen sie auch dem gegenseitigen Austausch zum Beispiel über Probleme." (Wikipedia)

Darüber hinaus wird der Begriff „Peergroup" wird auch für eine „Interessengruppe" verwendet. „Teilnehmer einer Ausbildungs-, Lern- oder Arbeitsgruppe (Peer Education) werden oft als Peergroup bezeichnet. Sie praktizieren das Peer Learning. Sie können sozial durchaus unterschiedlichen Gruppen angehören, sind aber für eine bestimmte Zeit durch gleiche Interessen miteinander verbunden. In der Lerndidaktik (handlungsorientiertes Lernen) haben Peergroups einen besonderen Stellenwert, weil ähnliche Interessen eine lernfördernde Gruppendynamik erzeugen." (Wikipedia)

PGP
[Pretty Good Privacy] Verschlüsselungsmethode für E-Mails. Arbeitet mit dem Public-Key-Verfahren (www.pgp.com).

Phishing
[englisches Kunstwort, abgeleitet von „fishing" = fischen, angeln]
Mit diesem Begriff werden Versuche beschrieben, unberechtigt an Daten eines Internet-Benutzers zu gelangen. Das kann zum Beispiel über gefälschte WWW-Adressen, E-Mails oder Kurznachrichten erfolgen. Der Benutzer wird irregeführt, indem zum Beispiel eine für ihn vertrauenswürdige Webseite optisch nachgeahmt wird mit dem Ziel, seine Zugangsdaten (Benutzernamen und Passwörter für Online-Banking oder Kreditkarteninformationen) auf dieser vom Phisher präparierten Webseite preiszugeben.

Podcast
[Begriff abgeleitet vom englischen Begriff „Broadcasting" (Radio, Rundfunk) und „iPod", einem tragbaren MP3-Spieler]
Medieninhalte können Audiodateien oder Videos sein. Podcasts lassen sich als Radiosendungen interpretieren, die sich unabhängig von Sendezeiten konsumieren lassen. Handelt es sich um Fernsehbeiträge oder Videomaterial, das auf diesem Weg verbreitet wird, wird meist der Begriff Video-Podcast verwendet.

Podcasting
Bezeichnet das Produzieren und Anbieten von abonnierbaren Mediendateien (Audio oder Video) über das Internet.

Private Key
„Personal" oder „private Key" lässt sich übersetzen mit persönlicher oder privater Schlüssel. Gemeint sind damit die Schlüssel, die zum Codieren (Verschlüsseln) und Decodieren (Entschlüsseln) einer Nachricht verwendet werden. Derartige Schlüssel sind vom Besitzer absolut geheim zu halten und niemandem mitzuteilen, da andernfalls das Merkmal des Persönlichen nicht mehr gegeben ist und alle anderen Besitzer dieses Schlüssels die Nachrichten decodieren könnten.

Provider
Der Provider bietet über seinen Rechner dem Mitglied oder Kunden einen Zugang zum Internet an. Dafür muss der Kunde in der Regel eine leistungsabhängige oder pauschale Gebühr bezahlen.

Public-Key-Verfahren
Das Verschlüsselungsverfahren beruht auf zwei Codes. Der erste ist dem einzelnen Benutzer eindeutig und einmalig zugeteilt. Der zweite Schlüssel ist öffentlich. Gemeinsam ergibt sich ein für jeden Benutzer unterschiedlicher Mechanismus, mit dem die Daten entschlüsselt werden können. Dadurch, dass kein Passwort vorher übermittelt werden muss, ist das Verfahren besonders sicher.

Quellcode
Mitunter auch Quelltext genannt. In einer Programmiersprache geschriebener Text, der durch ein Übersetzungsprogramm in eine ausführbare Form umgesetzt wird. Bei Webseiten wird der HTML-Code gemeinhin als Quelltext bezeichnet.

Router
Rechner, der Datenpakete zwischen Netzwerken überträgt.

SchülerVZ
www.schuelervz.net; seit 2007 bestehendes virtuelles soziales Netzwerk für Schüler, ähnlich dem StudiVZ für Studenten.

Server
Computer, der verschiedenartige Dienste bereitstellt. Dazu gehören neben anderen E-Mail-Verwaltungsdienste, Webpublikationsdienste und Dienste für den Betrieb von Netzwerken. Der Server beantwortet so beispielsweise die Anfrage des Kunden-Rechners, des Client oder dessen Web-Browsers.

Signatur

[Signatur = Unterschrift] In der E-Mail-Kommunikation ist zwischen der Signatur unterhalb der abschließenden Grußformel und der digitalen Signatur zu unterscheiden. Letztere dient der genauen Identifizierung des Absenders und sichert die inhaltlich unveränderte Übertragung der E-Mail-Nachricht.

Social Media

Digitale Medien und Technologien, mit deren Hilfe Nutzer online sowohl untereinander in einen Ideen- und Gedankenaustausch treten als auch mediale Inhalte einzeln oder in Gemeinschaft gestalten. Der Web-Nutzer wandelt sich von einem Konsumenten zu einem Produzenten. Die Teilnehmer nehmen durch Kommentare, Bewertungen und Empfehlungen aktiv auf die Inhalte Bezug und bauen auf diese Weise eine soziale Beziehung untereinander auf. Als Kommunikationsmittel werden dabei sowohl Text, Bild, Audio als auch Video verwendet.

Social Mention

[www.socialmention.com] Durchsucht analog zu Google Alerts soziale Netze international in Echtzeit nach Schlagwörtern und versendet auf Wunsch tägliche Benachrichtigungen zu einem Suchbegriff per E-Mail. Aktuell liefert diese Plattform für deutschsprachige Suchbegriffe wenig relevante Ergebnisse.

Spam

Unaufgefordert versendete Werbung.

StudiVZ

Das 2005 gegründete Studentenverzeichnis wurde dem amerikanischen Facebook nachempfunden. Es bietet Studenten die Möglichkeit, sich deutschlandweit mit Kommilitonen zu vernetzen.

Tag

[„Tag" (englisch) = Schlagwort, Schlüsselwort] Werden Web-Inhalte mit Tags hinterlegt, wird es für Suchende einfacher, sie im Internet zu finden. Tags hatten bereits im Web 1.0 große Bedeutung, um Webseiten in Suchmaschinen einfach(er) auffindbar zu machen.

Targeting
[Target (englisch) = das Ziel]
Begriff aus dem Marketing, der sich in der Regel auf zielgruppenorientiertes Marketing bezieht. Anders als beim klassischen Direkt-Marketing, bietet das Online-Marketing zahlreiche Analysetools für eine optimierte Zielgruppenansprache (Targeting).

Technorati
Eine der größten Suchmaschinen für Bloggs.

Trojaner
[Trojanisches Pferd]
Kleines Programm, das getarnt als harmlose Anwendung im Hintergrund geheime Informationen, zum Beispiel Passwörter, ausspioniert und selbsttätig an einen unbefugten Empfänger, meist den Urheber des trojanischen Pferdes, übermittelt.

Tweet
[Tweet = Piepser]
Eine Nachricht/Meldung bei Twitter.

Twitter
[Twitter = das Geschnatter, das Gezwitscher]
Twitter ist eine (populäre) Plattform, auf der Nutzer Kurznachrichten (bis zu 140 Zeichen) publizieren. Es ist eine Anwendung des sogenannten Mikrobloggings.

Twitter-Account
Ist das Benutzerkonto in Twitter.

Update
[Aktualisierung]
Wird häufig im Zusammenhang mit Software verwendet und bedeutet, die bestehende Version auf den neuesten Stand zu bringen.

Upgrade
[Verbesserte Version]
Die Erweiterung einer Software um wesentliche neue Bestandteile, die zu einer erhöhten Leistungsfähigkeit führen. Dazu im Unterschied: Update.

URL
[Uniform Ressource Locator]
Die eindeutige Adresse einer Site im World Wide Web.

User
Siehe Nutzer.

Verschlüsselung
[Verschlüsselung = Encryption]
Die gezielte Übersetzung von Informationen durch Kommunikationspartner in eine für Außenstehende unverständliche Form zwecks Schutz vertraulicher Daten und Fakten.

Virales Marketing
Analog dem Übertragungsweg eines Virus von Mensch zu Mensch kann eine Empfehlung oder eine gute Erfahrung an viele andere weitergegeben werden. Im klassischen Marketing spricht man von Mund-zu-Mund-Propaganda. Im Online-Marketing kann sogar eine unvergleichlich höhere Multiplikatorwirkung erzielt werden. Voraussetzung ist ein Produkt oder Service, der den Nutzern einen so großen Vorteil bringt, dass diese motiviert sind, ihre Empfehlung an viele andere Menschen weiterzugeben.

Virenscanner
Virenscanner sind Programme, mit denen Dateien und Datenträger daraufhin untersucht werden können, ob sie von Computerviren befallen sind. Eine andere Bezeichnung für Virenscanner ist Antivirenprogramm. Die Aktualität des Virenscanner ist ein Muss.

Virus

Ein Computervirus ist Programm, das in der Lage ist, sich nach seinem Aufruf selbsttätig ganz oder teilweise an den ausführbaren Code anderer Programme anzuhängen, diese also zu „infizieren". Analog zu den biologischen Viren benötigen Computerviren grundsätzlich einen „Wirt" als Transportmittel. Das befallene Programm steckt dann der Reihe nach wiederum andere Programme an.

Vlog

[V steht für Video, log für Blog] Abkürzung oder Kunstwort für V(ideo-B)log. Analog zu einem Blog handelt es sich um eine Webseite, die periodisch neue Einträge (mehrheitlich oder ausschließlich) als Video enthält.

vlogging

Einen Vlog betreiben oder in einem Vlog aktiv sein.

Web

Kurzform für den Begriff World Wide Web.

Web 2.0

Der Begriff weist auf einen höheren Grad der Interaktivität des Internets hin. In den Anfängen des Internets war die Anzahl derer, die in der Lage waren, Inhalte ins Netz zu stellen, limitiert. Inzwischen aber wächst die Zahl der Benutzer, die Inhalte erstellen und bearbeiten. Sie bedienen sich dabei sozialer Software und vernetzen sich untereinander. Typische Beispiele hierfür sind Wikis, Blogs, Foto- und Videoportale (z. B. Flickr und YouTube), soziale Online-Netzwerke wie MySpace, Facebook und StudiVZ.

Die technischen Grundlagen des Web 2.0 wurden bereits Ende der 90er Jahre bereitgestellt. Die Verfügbarkeit breitbandiger Internetzugänge in großem Umfang jedoch ließ die Nutzung praktikabler und alltagstauglich werden.

Webinar

Dieser Begriff wird abgeleitet von Web (Internet) und Seminar. Es handelt sich also um eine Lehrveranstaltung, wobei die Beteiligten über das Internet miteinander verbunden sind. Sie nutzen neben dem Bildschirm, auf dem Folien gezeigt werden können und eine digitale Version des Flipcharts existiert, einen Chat, meist auch ein Headset (Mikrofon und Kopfhörer), um sich zu verständigen.

Wiki
[Wiki hawaiisch für „schnell"]
Ist ein Hypertext-System für Webseiten, deren Inhalte von den Benutzern nicht nur gelesen, sondern auch online direkt im Browser geändert werden können. Die Grundidee bei Wikis ist das gemeinschaftliche Arbeiten an Inhalten, um das Potenzial der Gruppenintelligenz auszuschöpfen.

WikiLeaks
[zusammengesetzter Kunstbegriff aus Wiki und „Leaks" = Lecks, undichte Stellen] Ist eine Enthüllungsplattform, auf der Dokumente anonym veröffentlicht werden, die durch Geheimhaltung als Verschlusssache, Vertraulichkeit, Zensur oder auf sonstige Weise in ihrer Zugänglichkeit beschränkt sind. WikiLeaks setzt dabei ein grundsätzliches öffentliches Interesse an den Informationen voraus.
Das Projekt gibt an, denen zur Seite stehen zu wollen, „die unethisches Verhalten in ihren eigenen Regierungen und Unternehmen enthüllen wollen".

Wikipedia
[zusammengesetzter Kunstbegriff aus Wiki und „Encyclopedia"]
Wikipedia bietet freiwilligen und ehrenamtlichen Autoren an, beim Aufbau einer Universalenzyklopädie mitzuwirken. Seit 2001 ist Wikipedia in deutscher Sprache verfügbar.

Webserver
Ein Rechner im Internet, von dem HTML-Dokumente und Grafiken abgerufen werden können. Im eigentlichen Sinne ist es die Software, die auf diesem Rechner die Aufgabe übernimmt, die angeforderten Dokumente an die Benutzer zu übertragen.

Wurm

Ein auf Netzwerke ausgerichtetes bitweise arbeitendes Programm, das sich in einem System (vor allem in Netzen) ausbreitet. Ein Wurm kann alle Teile des Computers befallen. Es reproduziert sich ständig selbst und beeinträchtigt dadurch zusätzlich die Leistung der betroffenen Rechner. Meist erfolgt der Angriff in zwei Stufen. Zunächst nutzt er Schwachstellen in den angegriffenen Systemen aus, um anschließend ein Stück Programmcode ausführen zu lassen, der die Übertragung des kompletten Wurmprogramms ermöglicht. Ist ein Rechner erfolgreich attackiert worden, wird er als Ausgangsbasis für Angriffe auf andere angeschlossene Systeme benutzt.

Einer der bekanntesten Würmer in sozialen Netzwerken heißt Koobnet. Um sich auszubreiten, zieht er immer mehr Maschinen in sein Botnet, kapert Benutzerkonten und versendet Spams.

WWW

[World Wide Web]

Teil des Internet, der Multimedia- und Hyperlinktechnik miteinander kombiniert. Das WWW hat wesentlich zum Erfolg des Internets in den vergangenen Jahren beigetragen. In der Literatur wird es immer häufiger (fälschlich) als Synonym für das Internet benutzt. Adressen im World Wide Web beginnen in der Regel mit: http://www... .

Xing

wurde 2003 als „Open Business Club" gegründet. Es bietet seinen Nutzern die Möglichkeit, Geschäftskontakte zu knüpfen, Experten, Personal und Ansprechpartner zu suchen oder sich persönlich, sein Unternehmen oder sein Angebot zu präsentieren.

Youtube

Ist ein Internet-Videoportal, das 2005 in Kalifornien gegründet wurde. Benutzer können kostenlos Video-Clips ansehen und hochladen. Das Unternehmen wurde im Herbst 2006 von Google übernommen. Auf der Internetpräsenz befinden sich Film- und Fernsehausschnitte, Musikvideos sowie selbstgedrehte Filme.

Zertifizierungsstelle

Übergeordnete Instanz, welche die Identität von Antragstellern prüft und ihnen Zertifikate ausstellt. Zertifizierungsstellen sind allgemein anerkannt und vertrauenswürdig. Auch als Trust-Center oder Certification Authority bezeichnet.

Literaturverzeichnis

1) Alpar, Paul und Blaschke, Steffen: Web 2.0 – Eine empirische Bestandsaufnahme. Vieweg+Teubner, 2008.

2) Bartsch, Tim-Christian; Hoppmann Michael; Rex, Bernd F.; Vergeest, Markus: Trainingsbuch Rhetorik. UTB, 2008.

3) Beißwenger, Achim: YouTube und seine Kinder: Wie Online-Video, Web TV und Social Media die Kommunikation von Marken, Medien und Menschen revolutionieren. Nomos, 2010.

4) Blum, Christian: Debattieren. Die Königsform der Rhetorik erlernen. Ariston, 2007.

5) Buckingham, Marcus und Coffmann, Curt: Erfolgreiche Führung gegen alle Regeln. Wie Sie wertvolle Mitarbeiter gewinnen, halten und fördern. Campus, 2005.

6) Carr, Nicholas: Wer bin ich, wenn ich online bin...und was macht mein Gehirn solange? Blessing, 2010.

7) Cavanagh, Christina: Aristotle's Rules can help your e-mail. Report on Business: Globe Careers, The Globe and Mail, August 2003.

8) Christakis, Nicholas A. und Fowler, James H.: Connected. Die Macht sozialer Netzwerke. S. Fischer, 2010.

9) Clauß, Ulrich: Keinen Raum dem Online-Prekariat. Die Welt, 14.12.2007

10) Clauß, Ulrich: Maskenball im Internet. Die Welt, 25.10.2010

11) Covey, Stephen: Die sieben Wege zur Effektivität. Heyne, 2005.

12) Dambach, Karl E.: Wenn Schüler im Internet mobben: Präventions- und Interventionsstrategien gegen Cyber-Bullying. Reinhardt, 2011.

13) Delius, Mara: Die Deutschen nerven mit ihrer Rechthaberei. Die Welt, 27.10.2010

14) Dressel, Martina: E-Mail-Knigge. Das Original. Webgold Akademie, 2008

15) Dressel, Martina: Aktives Zuhören. Wie Sie Ihr Gegenüber und seine Botschaft besser verstehen. Hörbuch. Webgold Akademie, 2011.

16) Dressel, Martina: Ideen überzeugend verkaufen. In Band 2 der GSA Top Speakers Edition „Die besten Ideen für eine erfolgreiche Rhetorik". Gabal, 2011.

17) Fengler, Jörg: Feedback geben. Beltz Verlag, 2004.

18) Galford, Robert und Seibold-Drapeau, Anne: The Enemies of Trust. Harvard Business Review, Feb 2003.

19) Gaschke, Susanne: Klick: Strategien gegen die digitale Verdummung. Herder, 2009.

20) Gillies, Constantin: Die gute Seele des Netzes. Die Welt, 11.09.2010

21) Hartgemeyer, Martina und Johannes F.: Die Kunst des Dialogs – Kreative Kommunikation entdecken. Erfahrungen, Anregungen, Übungen. Klett-Cotta, 2005.

22) Held, Gerd: Politik der Worte. Die Welt, 03.08.2010

23) Herbold, Astrid: Das große Rauschen: Die Lebenslügen der digitalen Gesellschaft. Droemer/Knaur, 2009.

24) Hiebert, Murray und Klatt, Bruce: The Encyclopedia of Leadership. McGraw-Hill Business, 2001.

25) Hiebert, Murray: Powerful Professionals: Getting Your Expertise Used Inside Organizations. Trafford Publishing, 2001.

26) Hippler, Marc: Online-Medien-diskutieren-das-Ende-anonymer-Kommentare. http://www.derwesten.de/nachrichten/Online-Medien-diskutieren-das-Ende-anonymer-Kommentare-id3491349.html, 27.04.2010

27) Hohensee, Matthias: Die Rückkehr der Vorzimmerdame. Wirtschaftswoche 22.7.2008

28) Hünnekens, Wolfgang: Die Ich-Sender: Das Social Media-Prinzip – Twitter, Facebook & Communities erfolgreich einsetzen. Business Village, 2010.

29) Keen, Andrew: Stunde der Stümper. Wie wir im Internet unsere Kultur zerstören. Hanser, 2008.

30) Lowy, Alex und Hood, Phil: The Power of the 2x2 Matrix, John Wiley & Sons, 2004.

31) Mora-Merchan, Joaquin A. und Jäger, Thomas: Cyberbullying: A cross-national comparison. Verlag Empirische Pädagogik, 2011.

32) Miersch, Michael: Gesicht zeigen – oder Klappe halten im Internet! Die Welt 19. Mai 2010

33) Moorstedt, Tobias: Jeffersons Erben: Wie die digitalen Medien die Politik verändern. Suhrkamp, 2008.

34) Meckel, Miriam und Stanoevska-Slabeva, Katarina: Web 2.0: Die nächste Generation Internet. Nomos, 2008.

35) Münker, Stefan: Emergenz digitaler Öffentlichkeiten: Die Sozialen Medien im Web 2.0 Suhrkamp, 2008.

36) Oehmichen, Eckehardt: Lebens- und Medienwelten der jungen Generation. Neue Erkenntnisse der MedienNutzerTypologie 2.0 Vortrag zum Medienforum Mittweida, 11. Oktober 2010.

37) Paine, Kati Delahaye: Social Media and Your Green Message. A presentation to the New England Eco-Hospitality Expo. 25. Mai 2010. www. kdpaine.com

38) Palfrey, Joh und Gasser, Urs: Generation Internet. Die Digital Natives: Wie sie leben – Was sie denken – Wie sie arbeiten. Hanser, 2010.

39) Purrer, Siglinde: Phänomene bei Gruppenentscheidungen. Die Gefahr der Realitätsflucht beim gemeinsamen Entscheiden. Verlag Dr. Müller 2007.

40) Rauda, Christian; Kaspar, Hanna; Proner, Patrick: Pro & Contra – Das Handbuch des Debattierens. PD-Verlag, 2007.

41) Rosenberg, Marshall B.: Gewaltfreie Kommunikation. Junfermann 2004.

42) Schindler, Marie-Christine: PR 2.0: Kommunikation im Social Web: Alter Wein in neuen Schläuchen? Verlag Dr. Müller, 2010.

43) Schirrmacher, Frank: Payback. Blessing, 2009.

44) Schmidt, Jan: Das neue Netz: Merkmale, Praktiken und Folgen des Web 2.0 UVK Verlagsgesellschaft mbH, 2009.

45) Schneider, Wolf: Deutsch für Kenner. Piper Verlag, 2006.

46) Seibel, Andrea: Die Jugend drückt den falschen Knopf. Im Interview mit dem Medientheoretiker Peter Weibel. Die Welt, 18. Oktober 2010.

47) Sick, Bastian: Der Dativ ist dem Genitiv sein Tod. Kiepenheuer & Witsch, 2005.

48) Siever, Thorsten; Schlobinski, Peter; Runkehl, Jens: Websprache.net. Sprache und Kommunikation im Internet. De Gruyter, 2005.

49) Solove, Daniel: The Future of Reputation: Gossip, Rumor, and Privacy on the Internet. Yale University Press, 2009.

50) Schurz, Robert: Auf der Couch. Die Welt, 7. August 2010. Seite 7

51) Surowiecki, James und Beckmann, Gerhard: Die Weisheit der Vielen. Bertelsmann, 2005.

52) Weichert, Stephan: Die Alpha-Journalisten 2.0: Deutschlands neue Wortführer im Porträt. Halem, 2009.

53) Watzlawick, Paul; Beavin, Janet H.; Jackson, Don D.: Menschliche Kommunikation. Verlag Hans Huber, 2000.

54) Weber, Stefan: Die Medialisierungsfalle: Kritik des digitalen Zeitgeists. Eine Analyse. Edition Va Bene, 2008.

55) Weinberg, Tamar: Social Media Marketing: Strategien für Twitter, Facebook & Co. O'Reilly, 2010.

Martina Dressel ist Expertin für zielführende Kommunikation. Sie ist seit über zwanzig Jahren sehr erfolgreich als Führungskraft in der Wirtschaft aktiv, davon zwölf als Unternehmerin, inzwischen mit Vertretungen in Kanada (2003) und in der Schweiz (2007). Ihre Auftraggeber, darunter viele namhafte Unternehmen, schätzen an der promovierten Ingenieurin, die postgradual einen hochschulpädagogischen Abschluss erwarb und seit 25 Jahren als Dozentin tätig ist, ihren praktischen Erfahrungsschatz und ihr strukturiertes Vorgehen.

Ihr Buch „E-Mail-Knigge", erstmals 2003 erschienen, liegt mittlerweile in der dritten Auflage vor. Ihr Hörbuch „Aktives Zuhören" wurde im Frühjahr 2011 publiziert. Außerdem ist sie Autorin zahlreicher Fachbeiträge.

Kontakt über: www.webgold.de

Know-how für Ihre Karriere

↗

Die 100 wichtigsten Analyse- konzepte und Methoden auf einen Blick - kompakt und anschaulich

Das Buch beschreibt die 100 wichtigsten Management Tools und ihre Anwendungsmöglichkeiten in kompakter und verständlicher Form. Visualisierungen erleichtern die rasche Orientierung und lassen sich für eigene Präsentationen nutzen. Kurz: das wichtigste Buch eines Managers! Jetzt in der 3., überarbeiteten Auflage.

Christian Schawel / Fabian Billing

Top 100 Management Tools

Das wichtigste Buch
eines Managers
3., überarb. Aufl. 2011. 244 S.
Geb. EUR 39,95
ISBN 978-3-8349-2811-5

Mythos Headhunting – was Sie schon immer darüber wissen wollten

Dieses Buch lüftet den Schleier des Geheimnisvollen, der die Branche seit jeher umgibt. Die Autoren bieten einen Blick hinter die Kulissen zahlreicher Headhuntingfirmen – in Deutschland, Österreich und der Schweiz. Dabei kommen vor allem die Executive Search Consultants selbst zu Wort und erzählen über ihre Arbeit. Der Leser erhält wertvolle Tipps für die Auswahl eines Beraters und fachkundigen Rat für die eigene Karriere.

Dieter Hofmann /
Rainer Steppan (Hrsg.)

Headhunter

Blick hinter die Kulissen einer
verschwiegenen Branche
2011. 312 S. Geb. EUR 39,95
ISBN 978-3-8349-1834-5

Eine erprobte Anleitung für das erfolgreiche Führen von Mitarbeitern, Projektteams und Chefs

Wer erfolgreich führen will, braucht eine fundierte Anleitung. Dieses Begleitbuch bietet auf der Basis der neuesten wissenschaftlichen Einsichten praktische Gestaltungshinweise sowie konkrete Handlungsempfehlungen zu allen wichtigen Führungsfragen wie Motivation, Zusammenarbeit, Führungsbeziehungen, Führungsinstrumente, Machteinsatz und Unternehmenskultur.

Klaus F. Withauer

**Der Weg zur Führungs-
kompetenz**

Begleitbuch für die Karriere
2011. ca. 280 S. Br. EUR 42,95
ISBN 978-3-8349-2647-0

Änderungen vorbehalten. Stand: Februar 2011.
Erhältlich im Buchhandel oder beim Verlag
Gabler Verlag . Abraham-Lincoln-Str. 46 . 65189 Wiesbaden . www.gabler.de

Gesellschaftliche Verantwortung
wirkungsvoll umsetzen

Stärker als je zuvor ist die Öffentlichkeit daran interessiert zu erfahren, wie führende Unternehmen in Deutschland mit der Wahrnehmung ihrer gesellschaftlichen Verantwortung umgehen. Das Buch beschreibt die Entwicklung des CSR-Gedankens von seinen Anfängen bis zur Gegenwart und gibt einen Ausblick auf zukünftige Entwicklungen. Im Mittelpunkt stehen 7 wesentliche CSR-Kernthemen. (Best-)Praxisbeispiele aus den Unternehmen illustrieren anschaulich Lösungsansätze und Erfolgskonzepte.

Arnd Hardtke /
Annette Kleinfeld (Hrsg.)
Gesellschaftliche Verantwortung von Unternehmen
Von der Idee der Corporate Social Responsibility zur erfolgreichen Umsetzung
2010. 388 S. Br.
EUR 49,95
ISBN 978-3-8349-0806-3

Strategien und Tipps
für mehr Glaubwürdigkeit

Das Spannungsfeld zwischen dem Gewinnstreben und der Moral ist die zentrale Herausforderung der modernen Unternehmens- und Markenkommunikation. Besonders vor dem Hintergrund der aktuellen Bemühungen von Unternehmen, gesellschaftlichen Ansprüchen durch eine verantwortliche Unternehmensführung gerecht zu werden, gewinnt dieser Aspekt an Bedeutung. Dieses Buch gibt einen umfassenden Überblick über die Kommunikation verantwortlicher Unternehmensführung und liefert viele praktische und wissenschaftlich fundierte Tipps zur Umsetzung.

Bernd Lorenz Walter
Verantwortliche Unternehmensführung überzeugend kommunizieren
Strategien für mehr Transparenz und Glaubwürdigkeit
2010. 204 S. Br.
EUR 39,95
ISBN 978-3-8349-2435-3

Veränderung effektiv steuern

Mit praxisbezogenen Tools und Methoden bieten die Autoren Führungskräften auf allen Ebenen konkrete Unterstützung, um dynamische Veränderungen wirkungsvoll zu verankern.

Norbert Homma / Rafael Bauschke
Unternehmenskultur und Führung
Den Wandel gestalten -
Methoden, Prozesse, Tools
2010. 192 S. Br.
EUR 39,95
ISBN 978-3-8349-1546-7

Änderungen vorbehalten. Stand: Februar 2011.
Erhältlich im Buchhandel oder beim Verlag

Gabler Verlag . Abraham-Lincoln-Str. 46 . 65189 Wiesbaden . www.gabler.de

GABLER